JN032974

オーブンなしで激ウマッ！

Wonderfully delicious sweets recipes that
can be cooked without an oven!

スイーツ

楽勝
70品

you

KADOKAWA

はじめに

はじめまして、youです。
僕の初のレシピ本を手にとって頂きありがとうございます。

突然ですが、僕の人生は負けだらけなんです。

料理人を夢見て調理学校で学び、飲食店を開業するも失敗。
プライベートでも、小さい頃から母が病気で、親子の会話が少ないまま育ちました。親子でコミュニケーションのとれる共通の何かがあればよかったのに…ってずっと考えていました。

そんなとき、簡単でおいしい料理を誰かと一緒につくって共有してほしいと思って、YouTubeにレシピ動画を投稿し始めました。

すると、「子どもと一緒につくりました!」というお母さんをはじめ、さまざまな方からつくってみたご感想を頂き、とてもうれしかったです。
特にスイーツは、お家で簡単にできるよう（僕自身がオーブンを持っていなかったというのもあるのですが）オーブンなしでつくれるのが好評でした。

この本のレシピは、ケーキやクッキー、プリンに至るまで、すべてオーブンは不要です。面倒なオーブンを使わなくても、おいしいお菓子がつくれることを知ってほしいです。

最後に、このレシピが親子や夫婦、家族、恋人、友達など、いろんな人の笑顔の架け橋になればうれしいです。

you

YouTube
「ゆう/youチャンネル」
http://www.youtube.com/c/ゆうyou

食で人と人とを繋げようと、レシピ動画を投稿している。試行錯誤しながら、簡単なステップで誰でもチャレンジしやすい手づくりメニューを日々開発中。オンラインサロン「ゆう's旅マルシェ」（https://you-tabi-marche.com/）も開催。

SNSも
check！

Twitter @aT3nN7ZlOHFtABx
Instagram yu.food.diary

PROFILE ///////////////////////////

レッツ！
クッキング

you
（ゆう）

美食の都、京都生まれ。10代の頃に読んだ料理漫画に影響を受け、料理人になろうと決意。京都の料亭などで修業後、京都市内で担担麺店やサンドイッチの移動販売といった飲食業を生業とする。2017年に、料理人の腕をいかして料理YouTuberに転身。夢は食で人を幸せにすること。

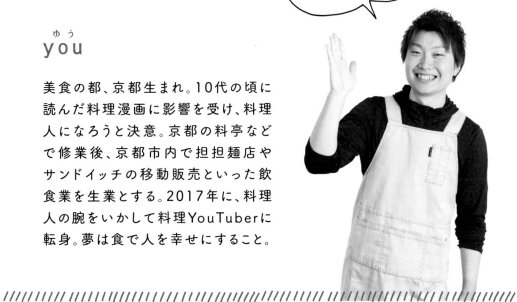

CONTENTS

PART 1

再生回数ベスト10

殿堂入りスイーツ

PART 2

実はオーブンなしでつくれる！

定番スイーツ

PART 3

贅沢な本格派スイーツも

オーブンなしで！

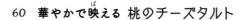

PART 4 オーブンなしで まったり和スイーツ

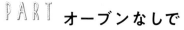

PART 5 季節のスイーツだって オーブンなしでできちゃう！

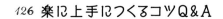

よく使う
基 本 の 材 料

本書でよく使う材料のリストです。
どれも普通のスーパーなどで身近に手に入ります。
組み合わせや分量によって、
いろんなスイーツを生み出すことができます。

乳製品

□ **牛乳**

低脂肪乳ではな
く、普通の牛乳
を使っています。

□ **生クリーム**

動物性脂肪主体の
ものと、植物性主
体のものがありま
す。基本的には植
物性の方が扱いや
すくオススメです。

□ **バター**

本書では食塩不
使用タイプを使っ
ています。

□ **クリーム
チーズ**

特に、チーズケーキ
には欠かせない材
料です。

粉類

□ **薄力粉**

スイーツの主役級の材料です。

□ **ホットケーキミックス**

これを使えば、材料をそろえる手間
が省けて楽チンです。

□三温糖
上白糖よりもコクが
あり、甘さが優しくな
ります。

□粉糖
飾り付けに使います。

□ココア
パウダー
お菓子の仕上げに
ふって、カカオの風
味を強調します。

□ベーキング
パウダー
クッキーやケーキを
ふくらませるために
使用します。

□市販の板チョコ
(ブラック、ミルク、ホワイト)
製菓用でなくても大丈夫!
この本では板チョコを
使っています。

□粉ゼラチン
主に冷たいスイーツをかためる
ために使います。

□卵
本書では、Mサイズ(50~
55g)を使用しています。

□サラダ油
揚げ油や、生地が型につかない
ようにするために使用します。

7

これがあればまず大丈夫♪
基本の道具リスト

オーブンを持っていなくても、ふだんお家で使う調理アイテムがあれば、
本書のレシピはオールOK。だから、初心者の方も大歓迎ですよ!

ボウル
耐熱ガラスのボウルは電子レンジ可、
ステンレス製のボウルは熱が伝わり
やすいというメリットがあります。

ゴムベラ
生地を混ぜる
ために使います。

ふるい
きめ細かく、ふわふわの生
地にするために有効です。
網目の細かいザルで代用
できます。

泡立て器、ハンドミキサー
卵白や生クリームを泡立
てるときに使います。ハン
ドミキサーを使えばよりス
ピーディーです。

計量カップ
1カップ200mlのも
のを使っています。

計量スプーン
大さじ1は15ml、
小さじ1は5mlです。

はかり（スケール）
1g単位で量れ
るものを使用
しています。

型（パウンド型、セルクル型）
ステンレス製のもののほか、100均の
紙製のケーキ型を使用することもあり
ます。

クッキングシート

生地が型にくっつかないよう、型の底に敷いたりします。

アルミホイル

生地を焼いたり、蒸らしたりするときのフタに使います。

ラップ

保存するほか、生地の成形や、バターを塗る際などに使います。

ジッパー付き保存袋

ビスケットを砕いたり、アイスクリームをつくったりするのに使用します。

耐熱の密閉保存容器

冷蔵庫で冷やしかためたり、生地の型として代用したりします。

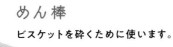

めん棒

ビスケットを砕くために使います。

鍋

生クリームや牛乳をあたためたり、ソースをつくったりします。

///////////// //////// オーブン要らずのお手軽アイテム /////////////////////

トースター

オーブンのかわりになり、いろんな焼き菓子を焼くことができます。ものによって焼き加減に違いがあるので、使い慣れるといいですね。

炊飯器

スイッチポンでケーキが焼けます。あんこも炊けますよ。

フライパン

パンケーキはもちろん、パイやクッキーも焼けます。

卵焼き器

バウムクーヘンやロールケーキなど、巻いてつくるお菓子に使います。

9

この本の見方

レシピ名

大人のやみつき
〈 ラムレーズンアイス 〉

ラム酒が香る大人の極上アイス。
お酒好きなら"追いラム酒"もおすすめ。

材料

材料 2人分
・生クリーム…200㎖　・レーズン…20g
・練乳…80㎖　　　　・ラム酒…40㎖

下準備

本格的な工程
に入る前にやっ
ておくことが書
かれています。

下準備
ラムレーズンをつくる
〈P31の「レーズンサンド」
の1参照〉。

つくり方

それぞれの工程
に写真をつけ、
わかりやすくし
ています。

つくり方

1　ボウルに生クリームを入れ、よく泡立て、やわらかいツノが立つ8分立てにする。1/4量を別のボウルに移し、練乳を混ぜる。

2　1の練乳を生クリームのボウルに加え、泡がつぶれないようゴムベラで底からすくいあげるように混ぜる。

3　ラムレーズンと、その漬け汁大さじ1を加え、ふんわりと混ぜる。

4　保存容器に流し入れ、フタをして冷凍庫へ。1時間おきに取り出し、ゴムベラで混ぜることを3〜4回繰り返す。

memo

memo
凍らせている途中で混ぜると
なめらかな口あたりに
仕上がります。

113

memo
つくるうえでの
コツや、注意点
などが記載され
ています。

▶ レシピの表記は1カップ＝200㎖、大さじ1＝15㎖、小さじ1＝5㎖です。

▶ レシピには目安となる分量や調理時間を記載していますが、食材や調理器具、季節によって異なりますので、加減をみながら調整してください。

▶ 電子レンジは500W、トースターは1000Wのものを使用しています。

▶ 炊飯器は3.5合炊きのものを使用しています。「普通に炊く」とは、通常の炊飯モードのことです。炊飯器によってはケーキモードがあるタイプやお菓子づくりに適さないタイプもあります。

▶ 本書のレシピは、著者のYouTubeチャンネルと異なる場合があります。

STAFF

写真	福田栄美子	校正	麦秋アートセンター
装丁	坂川朱音	DTP	道倉健二郎（Office STRADA）
本文デザイン	坂川朱音＋田中斐子（朱猫堂）	調理アシスタント	増田 香
スタイリスト	小坂 桂	撮影協力	トス
編集協力	安井洋子		

PART1

再生回数ベスト10
殿堂入り
スイーツ

680万回再生超えのチョコレートムースをはじめ、
YouTubeで簡単なのにおいしすぎて大反響だった
スイーツベスト10を収録。
どれも身近な道具でつくれるので、
ぜひマスターしましょう!

雪のような口どけ

チョコレート
ムース

材料はたったの2つ。
混ぜて冷やしかためるだけだからとっても簡単！
リッチで濃厚。雪のような口溶けの贅沢スイーツです。

下準備

パウンドケーキ型の
底にクッキングシート
を敷く。

つくり方

1 チョコレートは細かくきざみ、ボウルに入れる。

2 チョコレートを湯せんで溶かす。フライパンに約60℃の湯を沸かす（鍋肌に小さな泡が立ちはじめる程度）。火を止め、キッチンペーパーを沈めてボウルをのせる。ゴムベラで混ぜ、なめらかになったら湯せんからはずす。

3 2に生クリーム100㎖を2〜3回に分けて加え、その都度よく混ぜる。

4 別のボウルで生クリーム200㎖を泡立て、すくったときにしっかりとツノが立つ9分立てにする。

5 3が人肌程度に冷めたところで、4を1/3量ずつ加えてその都度ゴムベラで混ぜる。1回目は泡がつぶれてもいいのでしっかりと。

6 2回目以降は泡がつぶれないよう、底からゴムベラですくいあげるように優しく、白い筋がなくなるまで手早く混ぜる。

7 型に流し入れる。ゴムベラで表面をたいらにならし、台にトントンと軽く打ちつけて気泡を抜く。

8 ラップをかけ、冷蔵庫で半日冷やしかためる。型を裏返して取り出す。

memo

チョコレートは水分が入るときれいに溶けません。
お湯のカサが少なくすむフライパンならお湯が入る心配が減ります。
風味が落ちるので熱湯で溶かすのはNG！

〈 バナナケーキ 〉

炊飯器を使って、ホットケーキミックスで手軽にケーキづくり。
熟したバナナをたっぷり使うのがポイント。
しっとりした食感で食べごたえ満点です。

材料 3.5合炊きの炊飯器1台分

- バナナ…3本
- 牛乳…50㎖
- 卵…2個
- ホットケーキミックス…100g
- 砂糖…大さじ2
- バター（食塩不使用）…少量

下準備

卵を卵黄と卵白にわけ、卵白はボウルに入れて冷凍庫で10分冷やす。

つくり方

バナナ1本半は薄切りにして、ペースト状になるまで包丁でたたく。残りのバナナ1本半はトッピング用として、ななめ薄切りにする。

炊飯器の内釜の内側全面に、ラップでバターをぬる。

内釜の底に、トッピング用のバナナを放射状に並べる。

ボウルに、ペースト状にしたバナナ、牛乳を入れて泡立て器でよく混ぜる。続けて、卵黄、砂糖を加えて混ぜ合わせる。

ホットケーキミックスをふるい入れ、ゴムベラで底からすくいあげるようにさっくりと混ぜる。

卵白をよく泡立て、すくうとピンとツノが立つメレンゲをつくる。

5にメレンゲを1/3量ずつ加える。ゴムベラで1回目はよく混ぜる。次からは泡がつぶれないよう底からすくいあげるように混ぜる。

3に流し入れ、内釜の底をたたいて生地の気泡を抜く。普通に炊き、竹串をさしてドロッとした生地がついてこなければ完成。半生なら追加で早炊きする。内釜を裏返して取り出す。器にのせ、好みでホイップクリーム（分量外）を添える。

トースターでつくる

とろ〜り
フォンダンショコラ

焼き立ての熱々をスプーンですくうと中からチョコレートがとろ〜り。
感動ものの味を、トースターで手軽につくれます。

材料　200mlの耐熱容器2個分

- 板チョコ（ミルク）…100g
- 卵…2個

下準備

卵は卵黄と卵白にわけ、卵白はボウルに入れて冷凍庫で10分冷やす。

つくり方

1 チョコレート90g分は細かくきざんでボウルに入れる。

2 チョコレートを湯せんで溶かす（P13の**2**参照）。

3 チョコレートが熱いうちに卵黄を加えてゴムベラでよく混ぜる。

4 卵白をよく泡立て、すくうとピンとツノが立つメレンゲをつくる。

5 **3**にメレンゲを1/3量ずつ加える。ゴムベラで1回目はよく混ぜる。次からは泡がつぶれないよう底からすくいあげるように混ぜる。

6 耐熱容器に流し入れる。途中で板チョコ10gを容器にわけ入れ、その上に生地を流し入れる。

7 トースターの天板にアルミホイルを敷き、耐熱容器をのせる。1000Wで1分ほど焼いて表面に焼き色がついたら、アルミホイルをかぶせて7分ほど焼く。

焼かずにつくれる

〈 チョコレートタルト 〉

ビスケットをくだいてタルト台に!
焼かずにつくれる超濃厚なスイーツ。

材料　直径18cmの紙製ケーキ型1台分

- ビスケット…100g
- 板チョコ(ミルク)…250g
- 生クリーム…200ml

〈トッピング〉
- ココアパウダー、
  マーマレード…各適量

下準備

チョコレートをきざみ、
200gはボウルに入れる(A)。
50gは耐熱ボウルに入れ、
ラップをかけて電子レンジ
(500W)で40秒加熱して
溶かす(B)。

つくり方

1 ジッパー付き保存袋にビスケットを入れ、めん棒でパン粉状になるまでたたく。Bのチョコレートを袋に加え、もみながらしっかりとなじませる。

2 型に**1**を入れてスプーンの背でたいらにならし、冷蔵庫で10分冷やしかためる。

3 鍋で生クリームを沸騰直前まで温め、Aのチョコレートに加えてゴムベラでとろとろになるまで混ぜる。

4 人肌まで冷ました**3**を型に流し入れ、台に軽く打ちつけて気泡を抜く。ラップをかけ、冷蔵庫で5時間冷やしかためる。型をはずしてココアパウダーをふり、マーマレードをのせる。

超簡単 〈プリン〉

定番のプリンもフライパンや鍋であっという間。
なめらかな舌ざわりの優しい味わい。

材料 120mlの耐熱容器3個分

- 卵…2個
- 砂糖…大さじ3
- 牛乳…250ml

〈カラメル〉

- 砂糖…大さじ2
- 水…大さじ2
- 湯…大さじ1

つくり方

1 ボウルに卵を割り入れ、泡立て器でほぐす。砂糖を加え、ざらつきがなくなるまで混ぜる。続けて牛乳を加え混ぜる。

2 **1**を漉す。このプリン液の表面に浮いた泡をスプーンで取り除いてから、耐熱容器に注ぎ、ふんわりとラップをかける。

3 フライパンか鍋に、容器が半分つかる量の湯を沸かす。布巾を敷いて容器を並べる。フタをして、表面がかたまるまで10分ほど弱火で蒸す。火を止めて10分余熱で火を通す。粗熱がとれたら冷蔵庫で冷やす。

4 カラメルをつくる。小鍋に砂糖、水を入れてゆすりながら弱火で煮つめる。カラメル色になったら湯を加えて好みのとろみ具合に仕上げ、プリンにかける。

ねっとり濃密な

〈イタリアンプリン〉

ねっとり濃密な舌ざわりが新食感！
話題のコンビニスイーツを再現してみました。
コクのあるマスカルポーネチーズを使うのがおいしさの秘訣。

材　料	18cm×10cmのパウンドケーキ型1台分	
● 卵…3個	● 牛乳…100ml	〈カラメル〉
● マスカルポーネチーズ …100g	● 砂糖…80g	● 砂糖…50g
● 生クリーム…200ml	● 粉ゼラチン…3g	● 水…大さじ1
	● バニラオイル…10滴 （省いても可）	● 湯…大さじ1

下準備

大さじ1の水に
粉ゼラチンを
ふり入れて混ぜ、
5分おいてふやかす。

つくり方

1 カラメルをつくる。小鍋に砂糖、水を入れて鍋をゆすりながら弱火で煮つめる。カラメル色になったら湯を加え、好みのとろみ具合まで加熱する。

2 熱いうちにカラメルを型に流し入れ、ゆすって底一面に行きわたらせる。冷蔵庫で冷やす。

3 ボウルに卵を割り入れ、泡立て器でほぐす。泡立てるとスが入るので気をつける。

4 別のボウルでマスカルポーネチーズをゴムベラでなめらかになるまで混ぜる。ここへ、**3**を漉しながら3回に分けて加え、その都度混ぜる。

5 鍋に生クリーム、牛乳、砂糖を入れて中火で約60℃まで温める。ゼラチンを加えて溶けるまで混ぜたら火を止める。バニラオイルを加える。

6 **4**に**5**を少しずつ加えながらゴムベラで混ぜる。

7 **6**を型に流し入れる。表面に立った泡はスプーンですくいとる。

8 トースターの天板にぬらした布巾を敷く。型をのせ、アルミホイルをコの字形にかぶせる。1000Wで20〜30分蒸し焼きにする。粗熱がとれたら冷蔵庫でひと晩冷やし、器の上で型を裏返して取り出す。

memo

ぬれ布巾の効果で
トースターでも
蒸し焼きが可能に。
布巾は水をしぼりきらず、
びしょびしょの状態で
天板に敷きましょう。

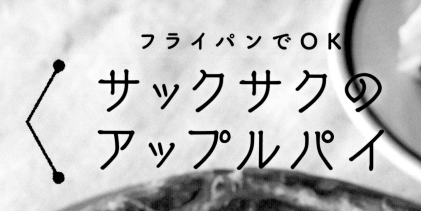

フライパンでOK

〈 サックサクの
アップルパイ 〉

甘く煮たリンゴを市販のパイシートにつめてフライパンへ。
こんがり香ばしくて、ホッとするなつかしい味わい。
紅茶のおともにぴったりです。

材料 直径20cmのフライパン1台分

- リンゴ…2個
- バター（食塩不使用）
  …10g+少量
- 砂糖…60g
- 冷凍パイシート
  （約17cm×11cm）…4枚

下準備

パイシートは
半解凍する。

つくり方

リンゴは皮をむいて、12等分のくし形に切って芯をとる。

フライパンにリンゴを並べ、バター10g、砂糖を加えて中火にかける。砂糖が溶けたらフタをして、弱火で10分ほど煮る。

リンゴが透き通ってきたらフタをはずし、ときどき上下を返しながら、強めの弱火で水分を飛ばす。バットに広げて冷ます。

パイシート3枚をフライパンの下に並べ、直径20cmのフライパンよりひとまわり大きなサイズに切る。

残りのパイシートは幅1cmの細長いひも状に切る。これをラップの上で、格子状に編む。

フライパンの内側全面にバター少量をラップでぬり、**4**を側面まで敷き、**3**を並べる。

5をのせて、周囲の生地を内側に折りたたむ。フタをして10分ほど弱火で蒸し焼きにする。

いったん皿に取り出す。再びフライパンにバター少量をぬり、アップルパイを裏返して戻し入れ、フタをしないで弱火で5分ほど焼く。

甘酸っぱい
〈 リンゴの タルト 〉

カスタード＆ホイップクリーム。
ダブルのクリームが甘酸っぱいリンゴの風味をひきたてる絶品タルト。
タルト生地はフライパンでできちゃいます。

材料 直径18cmのフライパン1台分

- リンゴ…1個
- バター（食塩不使用）…20g
- 砂糖…35g
- 生クリーム…150ml

〈タルト生地〉
- 薄力粉…120g
- 砂糖…35g
- 卵黄…1個
- バター（食塩不使用）…50g

〈カスタードクリーム〉
- 卵…1個
- 砂糖…50g
- 薄力粉…16g
- 牛乳…200ml
- バニラエッセンス…5滴

下準備

・タルト生地の
バターは耐熱ボウルに
入れてラップをかけ、
電子レンジ（500W）で
30秒加熱して溶かす。

・カスタードクリームを
つくる（P77の上参照）

つくり方

1 リンゴは皮をむいて芯をとり、5mm幅に切る。フライパンにリンゴ、バターを入れて中火で焼く。しんなりしたら弱火にしてリンゴの上下を返し、砂糖半量をまんべんなくふる。

2 再びリンゴの上下を返し、残りの砂糖をまんべんなくふる。砂糖が溶けるまで焼いたらバットに移して冷ます。

3 タルト生地をつくる。ボウルに薄力粉、砂糖を入れて泡立て器で混ぜる。卵黄、溶かしバターを順に加え、その都度混ぜる。

4 ある程度まとまったら手でひとまとめにする。生地を均一化するために、ラップの上で折りたたむことを数回繰り返す。

5 フライパンに4を敷きのばし、高さを2cmほどつける。凸凹したふちの部分は包丁で切りとる。フォークで全体に穴をあける。

6 フタをして弱火で15～20分焼く。表面がかわくまで10分ほどそのままおいて粗熱をとり、フライパンを裏返して取り出す。

7 生クリームを泡立て、やわらかいツノが立つ8分立てにする。別のボウルでカスタードクリームと生クリームの1/3量をゴムベラでよく混ぜる。残りの生クリームを加え、泡がつぶれないように混ぜる。

8 6に7を入れ、ゴムベラでたいらにならす。2のリンゴを放射状に並べ、まん中にバラ形にまとめたリンゴをのせる。

memo

リンゴのバラ形は、
2のリンゴを重ね並べて
端からくるくると巻いて
つくります。

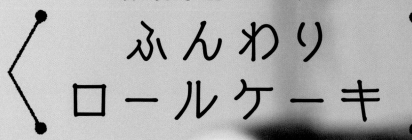

卵焼き器でつくる

ふんわり
ロールケーキ

ふっかふかのスポンジ生地を焼いた道具はなんと卵焼き器。
成功の秘訣は、卵をしっかり泡立てて空気を含ませること。
夢心地の食感を楽しめます。

材料 卵焼き器2台分

- 卵…3個
- 砂糖…70g+10g
- 薄力粉…50g
- バター（食塩不使用）…少量
- 生クリーム…100ml

下準備

卵は常温に
戻す。

つくり方

1 ボウルに卵を割り入れる。砂糖70g を3回に分けて加え、その都度よく 泡立てる。もったりし、生地を上か らたらしたときに筋が残るまで根気 よく泡立てる。

2 薄力粉をふるい入れ、泡をつぶさな いようゴムベラで底からすくいあげ るように混ぜる。

3 卵焼き器の底と側面にラップでバ ターをぬり、**2**の半量を流し入れ る。

4 アルミホイルをかぶせて弱火で3〜 5分焼く。ムラなく焼き色がつくよ う、ときどき卵焼き器の位置をずら すといい。

5 表面がかわいたら、ふちにヘラを入 れて生地を鍋肌からはがし、いった んまな板などに取り出す。

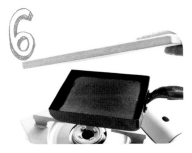

6 生地を裏返して卵焼き器に戻し入 れ、アルミホイルをかぶせずに1〜2 分焼く。取り出して常温になるまで 冷ます。残りの半量も同様に焼く。

7 ボウルに生クリームを入れる。砂糖 10gを2回に分けて加え、その都度 よく泡立て、しっかりとツノが立つ 9分立てにする。

8 ラップの上に生地をのせ、上下に1 cm分余白を残して7をぬる。くるり と巻いてラップで包み30分冷蔵庫 で冷やす。ふんわりした食感を楽し みたいなら室内に置いて巻きグセ をつける。

memo

卵黄と卵白を
一緒に泡立てる
「とも立て」にするときは、
卵が冷たいと
泡立ちにくいので
常温に戻して
おきましょう。

お店で食べるみたいな
〈 パンケーキ 〉

メレンゲの力でふんわり焼きあげる、
お店みたいな味!
お好みでバターや果物、はちみつと一緒にどうぞ。

材 料 2枚分
- 卵…2個
- 砂糖…大さじ2
- 牛乳…大さじ1½
- 薄力粉…20g
- ベーキングパウダー…小さじ½
- バター…少量

下準備

卵を卵黄と卵白にわけ、卵白はボウルに入れて冷凍庫で10分冷やす。

つくり方

1 ボウルに卵黄、砂糖を入れて、ゴムベラで白っぽくなるまで混ぜる。牛乳を加える。続けて薄力粉、ベーキングパウダーを合わせてふるい入れ、粉気がなくなるまで混ぜる。

2 卵白を泡立て、メレンゲをつくる。1にメレンゲ1/4量を加えてゴムベラでよく混ぜる。これをメレンゲのボウルに入れ、泡がつぶれないよう底からすくいあげるように混ぜる。

3 フライパンにバターを入れて弱火で溶かす。生地の半量弱をたらす。余白に水大さじ1/2を入れ、フタをして5分ほど蒸し焼きにする。

4 表面がかわいてきたら生地少量を追加でのせ、上下を返す。ヘラで軽く押して、フタをしないで5分ほど焼く。

PART 2

実はオーブンなしで
つくれる！
定番スイーツ

皆が知っている定番のクッキーやケーキ、
「家にオーブンがないから」って、手づくりするのを
諦めていませんでしたか？ オーブンなしでも大丈夫！
ふわふわやサクサクの食感もちゃんと生み出せますよ。

オーブンなしでつくる
〈 バタークッキー & 〉
〈 レーズンサンド 〉

フライパンでじっくり焼いたクッキーはサクサク、ホロッとした食感。
バターがリッチに香ります。
自家製ラムレーズンでつくるレーズンサンドもおすすめ。

バタークッキー　材料　12枚分

- バター（食塩不使用）…100g
- 砂糖…50g
- 卵黄…1個
- 薄力粉…150g

下準備

バターは
常温に戻す。

つくり方

1 ボウルにバターを入れ、ゴムベラでクリーム状になるまで混ぜる。砂糖、卵黄を順に加え、その都度よく混ぜる。

2 薄力粉を2〜3回に分けてふるい入れ、その都度混ぜる。粉気がなくなるまで混ぜたら手でひとまとめにする。

3 直径5cmの棒状にして、ラップで包み冷蔵庫で30分冷やす。

4 8mm幅に切り分け、フライパンに並べて弱火にかける。片面10分、裏面を5分ほど焼く。網の上で冷ます。

レーズンサンド　材料　3個分

- レーズン…60g
- ラム酒…80ml
- 板チョコ（ホワイト）…60g
- バター（食塩不使用）…60g
- バタークッキー…6枚（上記参照）

下準備

バターは
常温に戻す。

つくり方

1〈前日作業〉
ラムレーズンをつくる。レーズンは表面をコーティングしている油を落とすため熱湯に1分つけて、湯をきる。冷めたら、ラム酒に1日以上漬ける。

2 チョコレートはきざんで、湯せんで溶かす（P13の**2**参照）。そのあと、水を張ったボウルにつけて人肌程度まで冷ます。

3 **2**にバターを加えてゴムベラでクリーム状になるまで混ぜる。ラムレーズンの漬け汁小さじ1/2を加え混ぜる。ジッパー付き保存袋に入れて1時間冷やす。

4 クッキーにラムレーズンの漬け汁を刷毛で薄くぬり、**3**の袋の角をななめに切ってクリームをしぼる。ラムレーズンを好みの量のせてクッキーでサンドする。

memo

ラムレーズンは1週間ほど寝かせると
風味がアップ。
多めにつくってアイスやケーキの
飾りなどにも使いましょう！

こんがりビターな

チョコレート
クッキー

かみごたえのある、
甘さひかえめのほろ苦クッキーです。
材料は2つだけ。ぱぱっと手早く混ぜて
トースターで焼く、失敗しらずのレシピ。

材料　9枚分

- 板チョコ（ミルク）…100g
- 薄力粉…50g

つくり方

1

クッキングシートを折り紙の箱にして12cm四方の型をつくる。

2

チョコレートはきざんでボウルに入れ、湯せんで溶かす（P13の**2**参照）。

3

薄力粉をふるい入れ、こねすぎないよう、でも粉気がなくなるまでゴムベラで手早く混ぜる。

4

1に**3**を入れ、表面にラップをのせて、たいらにならす。冷蔵庫で30分寝かせる。

5

包丁で9等分に切り、アルミホイルを敷いたトースターの天板に並べる。アルミホイルをかぶせ、1000Wで3～5分焼く。アルミホイルをはずし、2分ほど焼く。

6

冷めたら、好みでココアパウダー（分量外）を茶こしでふる。

memo

時間をかけて生地をこねすぎるとグルテンが出て食感がわるくなってしまいます。手早く混ぜましょう！

〈 シュークリーム 〉

パリッとした皮となめらかなクリームのコラボレーション。
電子レンジとトースターをフル活用したレシピです。
完成した時の感動はひとしお。

材料　5個分

〈シュー生地〉
- バター（食塩不使用）…25g
- 水…50㎖
- 薄力粉…25g
- 卵…1/2個

〈ホイップクリーム〉
- 生クリーム…50g
- 砂糖…大さじ1

- バニラエッセンス…3～4滴

〈カスタードクリーム〉
- 卵…1/2個
- 砂糖…25g
- 薄力粉…8g
- 牛乳…100㎖
- バニラエッセンス…5滴

下準備

カスタードクリーム
をつくる。
（P77の上参照）

つくり方

1 シュー生地をつくる。耐熱ボウルにバター、水を入れてラップをかける。電子レンジ（500W）で1～2分加熱してバターを溶かす。

2 薄力粉の半量をふるい入れ、ゴムベラでダマがなくなるまで混ぜる。ラップをかけて電子レンジで50秒加熱する。残りの薄力粉をふるい入れ、練り混ぜる。

3 2が温かいうちに溶き卵を2～3回に分けて加え、その都度ゴムベラでよく混ぜる。生地をすくいあげたときに三角形にたれさがる状態が目安。

4 トースターの天板にアルミホイル、クッキングシートを順に敷き、きり吹きで水を吹きかける。その上に生地をスプーンで丸く落とす。

5 アルミホイルをコの字形に折ってかぶせ、1000Wで10～15分焼く。生地がふくらんだらアルミホイルをはずし、3～5分焼く。扉をしめたまま冷ます。

6 ホイップクリームをつくる。ボウルに生クリームを入れる。砂糖を2回に分けて加え、その都度よく泡立てる。仕上げにバニラエッセンスを加え、しっかりとツノが立つ9分立てにする。

7 シュー生地を横半分に切り、カスタードクリームをつめる。6をしぼり出し袋に入れてしぼり、上部をかぶせる。

memo

焼きあがった直後にトースターの
扉をあけると生地がしぼんでしまうので、
冷めるまで扉はあけないように！

ちょっとリッチな
〈 パウンドケーキ 〉

レーズンをふんだんに混ぜ込んだ、
バター香る一品。卵の泡立てがないので
ビギナーでも簡単につくれます。ナッツを混ぜても美味。

材料 18cm×10cmのパウンドケーキ型1台分

- バター…80g
- 砂糖…80g
- 卵…1個
- 薄力粉…100g
- ベーキングパウダー…小さじ1
- バニラエッセンス…5滴
- レーズン…80g

下準備

・バターは常温に戻す。

・型にクッキングシートを敷く。

つくり方

1

ボウルにバターを入れ、泡立て器でクリーム状になるまで混ぜる。

2

砂糖、卵を順に加えて、その都度なじむまで混ぜる。

3

薄力粉とベーキングパウダーを合わせてふるい入れ、ゴムベラで粉気がなくなるまで混ぜる。

4

バニラエッセンス、レーズンを加えてさっくりと混ぜる。

5

型に**4**を入れて表面をたいらにならし、トントンと台に軽く打ちつけて気泡を抜く。

6

型からクッキングシートがはみ出していれば、ハサミで切る。

7

トースター（1000W）で3〜5分焼く。焼き色がついたら表面に包丁でひと筋切り目を入れる。アルミホイルをかぶせて20〜25分焼く。粗熱がとれたら型からはずす。

memo

中まで焼けたかどうか確認するときは、生地の中心に竹串をさしてみましょう。ドロッとした生地がついてこなければちゃんと焼けた証拠です。

マシュマロを使えば材料少!
〈 濃厚ティラミス 〉

マシュマロでつくるイタリアンスイーツ。
ほろ苦くてとってもクリーミー。

材料 2~3人分

- マシュマロ…100g
- 牛乳…45㎖+100㎖
- クリームチーズ…200g
- ココアパウダー…適量

つくり方

1 耐熱ボウルにマシュマロ、牛乳45㎖を入れる。ラップをかけ電子レンジ(500W)で1分加熱する。クリームチーズは別途、電子レンジで30秒加熱してやわらかくする。

2 マシュマロはゴムベラでつぶしながら混ぜる。つぶれなければ電子レンジで短時間加熱する。なめらかになったら、クリームチーズを加えてよく混ぜる。

3 2に牛乳100㎖を2回に分けて加え、その都度混ぜる。漉して、冷蔵庫で2時間冷やす。

4 容器の底にココアパウダーを敷き、3を流し入れる。半分の深さまで入れたらココアパウダーをのせ、さらに3を流し入れる。表面に茶こしでココアパウダーをふる。

生キャラメル

火加減に注意しながらフライパンで煮るだけ。
とろ〜りなめらか。幸せな口溶けが待っています。

材料　約30個分

- バター（食塩不使用）…40g
- 砂糖…100g
- 牛乳…300㎖

下準備

クッキングシートを折り紙の
箱にして12㎝四方の紙型を
つくり、バットにのせる。

つくり方

1 フライパンにバター、砂糖、牛乳を入れて中火にかける。沸いたら少し火を弱め、ときどきゴムベラで混ぜながらふつふつ泡が立つ火加減で煮る。

2 およそ10分後、水分が減って泡が大きくなってきたら弱火にして、焦げないように混ぜ続ける。

3 水分が飛んで淡いキャラメル色になり、もったりしてきたらOK。

4 熱いうちに型に流し入れる。ゴムベラで表面をたいらにならし、3時間ほど常温でかためる。包丁でひと口サイズに切る。

memo

煮つめすぎるとなめらかに
仕上がりません。火加減に注意しながら
根気よく混ぜ続けましょう。

〈 いちごの
ショートケーキ 〉

憧れのショートケーキつくりが電子レンジで簡単に！
泡立てた卵入りの生地をチンするだけで
ふかふかスポンジ生地の完成です。
シンプルなデコレーションが映えます。

材料 約19cm×13cmのケーキ1台分（耐熱容器2個）

〈スポンジ生地〉
- 牛乳…大さじ1
- オリーブオイル…小さじ2
- 卵…3個
- 砂糖…30g
- 薄力粉…75g
- ベーキングパウダー…小さじ1

〈飾り〉
- いちご…10個
- 生クリーム…200㎖
- 砂糖…大さじ2

下準備

・卵は常温に戻す。

・耐熱容器の底にクッキングシートを敷く。

・いちご7個はヘタをとり縦3等分に切る。

つくり方

1 スポンジ生地をつくる。ボウルに牛乳、オリーブオイルを入れ、泡立て器でとろみがつくまで混ぜる。

2 別のボウルに卵を割り入れる。砂糖を3回に分けて加え、その都度よく泡立てる。もったりし、生地を上からたらしたときに筋が残るまで根気よく泡立てる。

3 2に薄力粉とベーキングパウダーを合わせてふるい入れる。1を加え、ゴムベラで泡がつぶれないよう底からすくいあげるように混ぜる。

4 耐熱容器に生地の半量を流し入れる。底をたたいて気泡を抜き、ラップをかけて電子レンジ（500W）で1分加熱する。竹串をさしてドロッとした生地がついてこなければOK。残りの半量も同様にする。

5 容器から取り出してクッキングシートをはがし、網の上で冷ます。すぐに使わない場合は、生地がしぼまないよう容器に入れたまま裏返しにして冷ます。

6 ホイップクリームをつくる。ボウルに生クリームを入れる。砂糖を2回に分けて加え、その都度よく泡立て、やわらかいツノが立つ8分立てにする。

7 生地1枚に6→縦3等分に切ったいちご→6の順にのせ、もう一枚の生地をのせる。まわりにも6をぬり、残りのいちごをトッピングする。

memo

電子レンジで加熱した生地の中心が生っぽいときは追加で30秒ほどチンして。かたくなるので加熱しすぎはNG。

中はふわっと、外はカリッ
フレンチトースト

中はふんわり、外はカリッ。
すぐに卵液がしみこむワザありレシピです。
季節の果物と盛り合わせても。

材料　2〜3人分

- 卵…1個
- 砂糖…大さじ2
- 牛乳…150mℓ
- バニラエッセンス…5滴
- フランスパン…1/2本
- バター（食塩不使用）…少量

下準備

フランスパンは
厚さ2cmの
ななめ切りにする。

つくり方

1 ボウルに卵を割り入れて泡立て器でほぐし、砂糖を加え混ぜる。牛乳、バニラエッセンスを加え混ぜる。

2 加熱可能なジッパー付き保存袋にパン2〜3切れを入れる。1を半量ほど加え、空気を抜いて口をとじ、ふり混ぜる。電子レンジ（500W）で30秒加熱し、袋ごと裏返して置き、もう30秒加熱する。

3 フライパンを中火で温め、バターを溶かす。2のパンを並べて両面をこんがりと焼く。残りも同様にする。器にのせ、好みではちみつ、粉糖（分量外）をふる。

memo

電子レンジで軽く加熱することで
パンに卵液がしみこみ、
ふわっふわの食感に仕上がります。

〈ラブリーチュロス〉

かりかり、もっちりとしたダブルの食感。
つくって楽しい、食べて感激の揚げ菓子です。

材料 5～6個分

- バター
  （食塩不使用）…25g
- 塩…ひとつまみ
- 砂糖…大さじ1
- 水…250㎖
- 薄力粉…140g
- サラダ油…適量

〈きな粉シュガー〉
- きな粉…大さじ2
- 砂糖…大さじ2

下準備

- きな粉と砂糖を混ぜる。
- クッキングシートを
  10㎝×12㎝に切る
  （6枚程度）。

つくり方

1 耐熱ボウルにバター、塩、砂糖、水を入れる。ラップをかけ電子レンジ（500W）で2分加熱する。バターが溶ければOK。

2 薄力粉をふるい入れ、ゴムベラで粉気がなくなるまで混ぜる。ラップをかけないで電子レンジで2分加熱して水分を飛ばす。もったりした生地をやわらかくなるまで練り混ぜる。

3 しぼり出し袋に太めの口金をつけて温かいうちに2を入れ、クッキングシートの上にℓ字にしぼる。

4 フライパンに油を180℃に熱し、3をシートごと揚げる。裏返すタイミングでシートをとり、両面色よく揚げる。油をきり、きな粉シュガーをまぶす。

コロンとかわいい

スイートポテト

ほくほくしたさつまいも感たっぷりの
素朴な味わい。
ひと口サイズのキューブ形に仕上げました。
小腹がすいたときのエネルギーチャージにもぴったり。

材料　8〜10個分

- さつまいも…200g
- バター（食塩不使用）…10g
- 砂糖…大さじ2+少量
- 牛乳…大さじ1⅓+少量
- 塩…ひとつまみ
- 黒ごま…適量

下準備

バターは
常温に戻す。

つくり方

1

さつまいもは輪切りにする。耐熱ボウルに入れラップをかけて、電子レンジ（500W）で3分ほど加熱してやわらかくする。熱いうちに皮をむき、へらでつぶして裏ごしする。

2

バターを加えて、ボウルの側面にゴムベラで押しつけながらよく混ぜる。

3

砂糖大さじ2を2回に分けて加え、その都度よく混ぜる。続けて、牛乳大さじ1⅓、塩を加えてなじむまで混ぜる。

4

ラップをかけて電子レンジで1分加熱し、ゴムベラで混ぜる。これを2〜3回繰り返し、なめらかな生地にする。

5

ひと口サイズのキューブ形に成形する。トースターの天板にアルミホイルを敷いて並べる。

6

砂糖少量をまぶし、刷毛で牛乳少量をぬる。トースター（1000W）で5〜7分、焼き色がつくまで焼く。仕上げに黒ごまをふる。

memo

砂糖と牛乳をぬってから焼くと、
ツヤのあるおいしそうな焼き色に
仕上がります。

卵焼き器でつくる
〈しっとり バウムクーヘン〉

台所にあるアレを芯にして生地をくるくる。
だし巻き卵のように焼いていきます。
誰かに自慢したくなるふんわりバウムクーヘン。ぜひチャレンジを！

材料 卵焼き器1台分

- バター（食塩不使用）…30g
- 砂糖…40g
- 卵…2個
- 牛乳…100mℓ
- バニラエッセンス…5滴
- ホットケーキミックス…120g
- サラダ油…適量

下準備

バターは耐熱ボウルに入れラップをかけて、電子レンジ（500W）で30秒加熱して溶かす。

つくり方

1 卵焼き器の横幅に合わせてラップの芯を切り、芯全面にラップを巻く。

2 溶かしバターに砂糖を加えて泡立て器でよく混ぜる。卵を加え、白っぽくなるまで混ぜる。牛乳、バニラエッセンスを加えて混ぜる。

3 ホットケーキミックスをふるい入れ、粉気がなくなるまで混ぜる。

4 卵焼き器に油をひいてキッチンペーパーで鍋肌全面にのばし、弱火にかける。しっかり温まったら、お玉約1杯の生地を流し入れる。

5 生地が広がりにくければ、布巾を持った手で鍋底をたたきながら全面に広げて、焼く。

6 表面がかわいてきたら1の芯を手前にのせ、生地ごとゆっくり巻いて、いったんバットに取り出す。

7 卵焼き器に再び油をなじませ、生地を流し入れる。表面がかわいたら再び芯をのせて巻く。これを5～6回繰り返す。

8 バットに取り出し、冷めたら芯を抜く。

食べごたえ満点
〈 ブラウニー 〉

グラノーラ入りのブラウニーは、
サクサク&しっとりした食感。
食べごたえがあるので、時間がない日の
朝ごはんや行動食にもおすすめです。

材料 約20cm×12cmの耐熱容器1個分

- 卵…2個
- 板チョコ（ミルク）…100g
- バター（食塩不使用）…50g
- 薄力粉…30g
- フルーツ入りグラノーラ…50g

下準備

・卵は常温に戻す。

・チョコレートは細かくきざむ。

・耐熱容器の底にクッキングシートを敷く。

つくり方

1 ボウルに卵を割り入れ、泡立て器で混ぜる。もったりし、生地を上からたらしたときに細い筋が残るまで根気よく泡立てる。

2 別のボウルにチョコレート、バターを入れて湯せんで溶かす（P13の**2**参照）。

3 **2**に**1**を1/3量入れて、ゴムベラでよく混ぜる。

4 **3**を**1**のボウルに流し入れ、泡がつぶれないよう底からすくいあげるように混ぜる。

5 薄力粉をふるい入れる。グラノーラを加え、泡がつぶれないようさっくりと混ぜる。

6 型に流し入れる。ラップをかけ電子レンジ（500W）で3分ほど加熱する。竹串をさしてドロッとした生地がついてこなければ完成。粗熱がとれたら冷蔵庫で1時間冷やす。

memo

湯せんでチョコレートとバターを溶かすとき、なかなか溶けなければ弱火にかけながら溶かしてもOK。溶けたらすぐに湯せんからはずしましょう。

スーッと溶ける
〈 絶品ババロア 〉

泡立てた生クリームと牛乳をゼラチンでかためたひんやりスイーツ。
優しい口溶けにいやされます。
ババロアに似たパンナコッタのつくり方もご紹介。

〈 パンナコッタ 〉

ババロア 　材料　3〜4人分

- 卵黄…3個
- 砂糖…40g
- 牛乳…140㎖
- 粉ゼラチン…5g
- バニラエッセンス…適量
- 生クリーム…200㎖

下準備

大さじ1の水に
粉ゼラチンを
ふり入れて混ぜ、
5分おいてふやかす。

つくり方

ボウルに卵黄、砂糖を入れ、泡立て器でもったりするまで泡立てる。

鍋で牛乳を沸騰直前まで温め、ゼラチンを加えて溶けるまで混ぜる。これを**1**に加えて混ぜる。

漉しながら、鍋に戻し入れる。弱火にかけ、とろっとするまでゴムベラで混ぜる。

鍋を氷水にあてながら、よりとろみが出るまで混ぜる。氷水からはずし、バニラエッセンスを混ぜる。

別のボウルに生クリームを入れて泡立て、筋が薄く残るくらいの6分立てにする。

5に**4**の1/3量を加え、ゴムベラでよく混ぜる。残りを加え、泡がつぶれないよう底からすくいあげるように混ぜる。器に流し入れ、冷蔵庫で3時間冷やしかためる。

パンナコッタ　材料　2〜3人分

- 牛乳…100㎖
- 生クリーム…100㎖
- 砂糖…大さじ1½
- 粉ゼラチン…2g
- ブランデー…大さじ1½

下準備

大さじ1の水に粉ゼラチン
をふり入れて混ぜ、
5分おいてふやかす。

つくり方

鍋に牛乳、生クリーム、砂糖を入れて強めの弱火にかける。沸騰直前でゼラチンを加えて溶けるまで混ぜる。ブランデーを加える。

漉しながら容器に移し、粗熱がとれたら冷蔵庫で6時間冷やしかためる。器に盛り、好みでブランデー（分量外）をかける。

ふんわりプルプル

スフレ
チーズケーキ

メレンゲ入りの材料を炊飯器に入れてスイッチオン。
まるでオーブンで焼いたような香ばしい色に仕上がります。
ふんわりシュワッとした食感がたまりません。

材料 3.5合炊きの炊飯器1台分

- クリームチーズ…200g
- 卵…2個
- 生クリーム…150㎖
- 砂糖…30g+20g
- ホットケーキミックス…70g
- バター…少量

下準備

・クリームチーズは常温に戻す。

・卵を卵黄と卵白にわけ、卵白はボウルに入れて冷凍庫で10分冷やす。

つくり方

炊飯器の内釜の内側全面に、バターをラップでぬる。

ボウルにクリームチーズを入れ、泡立て器でなめらかになるまで混ぜる。

卵黄、生クリームを加えて、なめらかになるまで混ぜる。

砂糖30gを加える。ホットケーキミックスをふるい入れ、ゴムベラでさっくりと混ぜる。

卵白に砂糖20gを3回に分けて加え、その都度よく泡立ててメレンゲをつくる。すくうとピンとツノが立つ状態が目安。

4にメレンゲの1/3量を加え、ゴムベラでよく混ぜる。今度はこれをメレンゲのボウルに入れて、泡がつぶれないよう底からすくいあげるように混ぜる。

1に流し入れ、内釜の底をたたいて生地の気泡を抜く。普通に炊き、竹串をさしてドロッとした生地がついてこなければ完成。半生なら追加で早炊きする。フタをあけて冷まし、内釜を裏返して取り出す。器にのせ、好みで粉糖（分量外）をふる。

混ぜて焼くだけ

〈 バスク風 チーズケーキ 〉

表面をこんがり焦がした、トロッと濃厚なチーズケーキです。
一般的には冷やしますが、焼き立ても美味。
ふんわりとろとろ食感を楽しめます。

材料　直径9cmのココット2個分

- クリームチーズ…100g
- 砂糖…大さじ3
- 生クリーム…60ml
- 卵…1個
- 薄力粉…大さじ1

下準備

クリームチーズは
常温に戻す。

つくり方

1 ボウルにクリームチーズを入れ、泡立て器でなめらかになるまで混ぜる。

2 砂糖を加えて混ぜる。生クリームを3回に分けて加え、ダマが残らないようその都度よく混ぜる。

3 溶き卵を加えてよく混ぜる。

4 薄力粉をふるい入れ、粉気がなくなるまで混ぜる。

5 ココットに生地を流し入れる。トースターの天板にアルミホイルを敷いてココットをのせる。

6 トースター（1000W）で5分ほど焼く。焦げ茶色の焼き色がついたらアルミホイルをかぶせ、5〜10分焼く。竹串をさしてドロッとした生地がついてこなければ完成。

memo

冷蔵庫で冷やしてもOK。
しっとり濃厚な食感になり、
焼き立てとは違う味を楽しめます。

レモン風味のさっぱり
レアチーズケーキ

混ぜて冷やすだけ。コクはあるのに、ムースのような
はかない口溶けで食べる手がとまりません。やみつきです！

材料　直径15cmのセルクル型1台分

- ビスケット…80g
- バター（食塩不使用）…50g
- クリームチーズ…200g
- 砂糖…60g
- レモン汁…大さじ1
- 生クリーム…200ml

下準備

- クリームチーズは常温に戻す。
- バターは耐熱ボウルに入れラップをかけて、電子レンジ（500W）で30秒加熱して溶かす。
- セルクル型の準備をする。（P71の6参照）

つくり方

1 ジッパー付き保存袋にビスケットを入れ、パン粉状になるまでめん棒でたたく。溶かしバターを加え、もんでしっかりとなじませる。

2 セルクル型に1を入れて、スプーンの背でたいらにする。冷蔵庫で10分冷やしかためる。

3 ボウルにクリームチーズを入れ、ゴムベラでなめらかになるまで混ぜる。砂糖、レモン汁を加え混ぜる。

4 生クリームを泡立て、やわらかいツノが立つ8分立てにする。これを3に1/3量加えてよく混ぜる。残りの生クリームを加え、泡がつぶれないようにさっくり混ぜる。2に流し入れ、冷蔵庫で2〜6時間冷やしかためる。

レンチン2分30秒で完成！
スティック
チーズケーキ

クリーミーで濃厚なひんやりスイーツ。
好みで季節の果物とあわせて召しあがれ。

材料　約14cm×10cmの耐熱容器1個分

- クリームチーズ…100g
- 生クリーム…100㎖
- 砂糖…大さじ3
- レモン汁…大さじ1/2
- 卵…1個
- 薄力粉…大さじ2

下準備

・クリームチーズは常温に戻す。

・耐熱容器の底に
クッキングシートを敷く。

つくり方

1 ボウルにクリームチーズを入れ、ゴムベラでなめらかになるまで混ぜる。砂糖を加えてよく混ぜる。

2 卵、生クリーム、レモン汁を加え、泡立て器で混ぜる。薄力粉を加え、なめらかになるまで混ぜる。

3 耐熱容器に流し入れ、台に軽くたたきつけて気泡を抜く。

4 電子レンジ（500W）で1分30秒加熱する。かたまりきっていなければ、さらに1分ほど加熱する。粗熱をとり冷蔵庫で冷やす。2cm幅の棒状に切る。

宝石のような いちご飴

パリッとしてジューシー。
人気の飴菓子を縁日の屋台気分でつくれます。
ぶどうやキウイでもお試しを。

材料 3～4人分
- いちご…15個
- 砂糖…150g
- 水…50㎖

下準備

いちごはヘタをとり、
楊枝2本をさす。

つくり方

1

小鍋に砂糖、水を入れてよく混ぜてから中火にかける。鍋をゆすりながら混ぜ、泡立ちが強くなったら弱火にする。

2

楊枝の先を1につけ、それを水にひたす。やわらかな水飴状ならまだ。飴状にかたまれば準備はOK。

3

鍋をかたむけて弱火にかけながら、いちごを飴につける。やけどに注意。クッキングシートを敷いたバットに並べ、飴がかたまるまで冷ます。

memo
砂糖が溶ける前にヘラなどで混ぜると
砂糖が結晶化してしまいます。
鍋をゆすりながら
砂糖を溶かしましょう。

PART3

贅沢な
本格派スイーツも
オーブンなしで！

見た目もゴージャスな本格派スイーツも、
オーブンを使わずにぜひチャレンジしてみましょう！
予熱の時間が要らないので、
調理の時短にもなりますよ。

華やかで映える

〈 桃のチーズタルト 〉

炊飯器でつくったケーキとは思えない美しさ!
コツは缶詰の桃を贅沢に使って、ていねいに並べること。
仕上げにツヤ出しすればカンペキ。

材料 3.5合炊きの炊飯器1台分

- ビスケット…100g
- バター（食塩不使用）…45g
- クリームチーズ…150g
- 砂糖…60g
- 卵…2個
- 薄力粉…30g
- 生クリーム…150ml
- レモン汁…小さじ2
- 桃の缶詰
  …420g入り1½缶
- 粉ゼラチン…5g

下準備

- クリームチーズは常温に戻す。

- 大さじ1の水に粉ゼラチンを
  ふり入れて混ぜ、
  5分おいてふやかす。

- バターは耐熱ボウルに入れ
  ラップをかけて、電子レンジ
  （500W）で30秒加熱して溶かす。

つくり方

1

ジッパー付き保存袋にビスケットを入れて、めん棒でパン粉状になるまでたたく。溶かしバターを加え、もんでしっかりとなじませる。

2

炊飯器の内釜に**1**を入れ、ラップをのせて高さ約3cmのふちをつけて押しかためる。冷蔵庫で20分冷やしかためる。

3

ボウルにクリームチーズを入れる。砂糖を3回に分けて加え、その都度泡立て器でよく混ぜる。

4

溶き卵を漉しながら3回に分け入れ、その都度よく混ぜる。次に薄力粉を3回に分けてふるい入れ、その都度混ぜる。

5

生クリームを3回に分けて加え、その都度よく混ぜる。レモン汁を加えて混ぜる。

6

内釜に流し入れ、内釜の底をたたいて生地の気泡を抜く。普通に炊き、竹串をさしてドロッとした生地がついてこなければ完成。半生なら追加で早炊きする。冷めたら内釜を手で支えながら取り出し、ラップをかけて冷蔵庫で冷やす。

7

桃の缶詰のシロップ大さじ3を電子レンジ（500W）で10秒加熱する。ゼラチンを加えて溶けるまで混ぜる。桃は7mm幅のくし形に切る。

8

6に**7**の桃を放射状に並べ、刷毛で**7**のシロップをぬる。冷蔵庫で1時間冷やしかためる。

memo

桃にゼラチンを混ぜた
シロップをぬると
ゼリー状にかたまり、
つややかに仕上がります。

香り豊かな

紅茶の
シフォンケーキ

人気の高いシフォンケーキも電子レンジでつくれます。
泡立てたメレンゲをつぶさずに混ぜるのがコツ。
紅茶が香る、軽やかな食感に仕上がります。

材料 直径15cmの紙製シフォンケーキ型1台分

- 牛乳…大さじ2
- ティーバッグ…1袋
- バター（食塩不使用）…10g
- 卵…2個
- 砂糖…35g
- 薄力粉…35g

下準備

卵は卵黄と卵白に
わけ、卵白はボウルに
入れて冷凍庫で
10分冷やす。

つくり方

1
耐熱ボウルに牛乳、ティーバッグの中の茶葉、バターを入れる。ラップをかけ電子レンジ（500W）で1分加熱して、冷ます。

2
ボウルに卵黄、砂糖を入れて、泡立て器で白っぽくなるまで混ぜる。**1**を加えて混ぜる。

3
薄力粉をふるい入れ、粉気がなくなるまで混ぜる。

4
卵白をよく泡立て、すくうとピンとツノが立つメレンゲをつくる。

5
3にメレンゲを1/3量ずつ加える。ゴムベラで1回目はよく混ぜる。次からは泡がつぶれないよう底からすくいあげるように混ぜる。

6
型に流し入れ、トントンと台に軽く打ちつけて気泡を抜く。

7
ラップをかけ電子レンジで3分ほど加熱する。竹串をさしてドロッとした生地がついてこなければ完成。

8
すぐに逆さまにして、背の高いビンにかぶせて冷ます。好みでホイップクリーム（分量外）を添える。

memo

加熱したあと
そのまま放っておくと
生地がしぼんでしまうので、
すぐに逆さまにして
冷ましましょう。

炊飯器でワンポチ！
〈 チョコシフォン 〉

手間をかけずにシフォンケーキをつくりたい。
そんなときは、混ぜた材料を炊飯器へ入れるだけのこの一品。
しっとり系の意外なおいしさ。

材料 3.5合炊きの炊飯器1台分

- 板チョコ（ブラック）…50g
- ホットケーキミックス…200g
- ココアパウダー…大さじ1
- 砂糖…大さじ1
- 牛乳…200㎖
- 卵…1個
- バター…少量

つくり方

1

チョコレートをきざむ。

2

ボウルにホットケーキミックス、ココアパウダー、砂糖を入れて泡立て器で混ぜる。

3

牛乳、溶き卵を加え、粉気がなくなるまで混ぜる。

4

3に**1**を加え、チョコレートがまんべんなく行きわたるよう混ぜる。

5

炊飯器の内釜の内側全面に、ラップでバターをぬる。

6

4を**5**に流し入れ、内釜の底をたたいて生地の気泡を抜く。普通に炊き、竹串をさしてドロッとした生地がついてこなければ完成。半生なら追加で早炊きする。内釜を裏返して取り出す。好みでホイップクリーム（分量外）を添える。

memo

ホワイトチョコでもOK。
お好みの板チョコでつくってください。

〈 タルトタタン風 〉

炊飯器の底にリンゴをたっぷり並べてつくったら、
ボリューミーなタルトタタン風に！
強力粉入りの生地でむっちりとした食感です。

- リンゴ…2個
- 砂糖…60g
- 水…大さじ1
- バター（食塩不使用）…10g

〈タルト生地〉
- バター（食塩不使用）…60g
- 砂糖…30g
- 卵…1個
- 薄力粉…40g
- 強力粉…35g
- ベーキングパウダー…小さじ1/2
- きな粉…30g

つくり方

リンゴは12等分のくし形に切って芯をとる。フライパンに砂糖、水を入れて弱火にかける。砂糖が溶けてふつふつ泡が立ってきたらバターを加え、リンゴを並べる。

フタをして10分煮る。リンゴの上下を返し、フタをしないでさらに5分煮る。バットにとり、粗熱をとる。煮汁はとっておく。

タルト生地をつくる。耐熱ボウルにバターを入れラップをかけて電子レンジ（500W）で30秒加熱して溶かす。砂糖、溶き卵を順に加え、その都度泡立て器で混ぜる。

薄力粉、強力粉、ベーキングパウダー、きな粉を合わせてふるい入れて混ぜる。2の煮汁50mℓを加えてなめらかになるまで混ぜる。

炊飯器の内釜に2のりんごを並べ、残っていれば煮汁大さじ1をまわしかける。

4をのせ、ラップをかぶせてたいらにならす。ラップをとり、普通に炊く。

竹串をさしてドロッとした生地がついてこなければ完成。半生なら追加で早炊きする。フタをあけて10分冷まし、裏返して取り出す。

memo

アーモンドプードルのかわりにきな粉を加えました。香ばしく、風味よく仕上がります。

かわいいのにビギナー向け！

〈 ストロベリー ホワイトチョコタルト 〉

いちごジャム入りのクリームが甘酸っぱくてミルキー。
タルト生地はビスケットでつくる簡単バージョンなので、
ビギナーでも失敗なし！

材料 直径15cmの紙製ケーキ型1台分

- ビスケット…100g
- 板チョコ（ホワイト）…250g
- 生クリーム…180ml
- いちごジャム…大さじ2

〈トッピング〉
- いちご…4個
- いちごジャム…適量

つくり方

1 ジッパー付き保存袋にビスケットを入れてめん棒でパン粉状になるまでたたく。

2 チョコレートは細かくきざむ。200gは大きめのボウルに入れる。50gは別のボウルに入れる。

3 チョコレート50gを湯せんで溶かす（P13の2参照）。これを1の袋に入れ、もんでしっかりとなじませる。

4 型に3を入れ、スプーンの背で押しながら敷きつめる。冷蔵庫で10分冷やしかためる。

5 鍋に生クリームを入れて中火にかけ、ふつふつ沸きはじめたら火を止める。ジャムを加え、ゴムベラで混ぜる。

6 チョコレート200gのボウルに5を加え、溶けるまでゴムベラで混ぜる。粗熱がとれるまでおく。

7 型に流し入れ、台に軽く打ちつけて気泡を抜く。粗熱がとれたら冷蔵庫で5時間冷やしかためる。型をはずし、ジャム、縦半分に切ったいちごを飾る。

memo

即席のタルト生地は、ビスケットを細かくくだいて、チョコレートをよくなじませることがコツ。くずれにくい、しっかりした生地に仕上がります。

さわやか
〈 オレンジレア チーズ風ケーキ 〉

底がとれるケーキ型がなくても、
セルクル型とラップがあれば大丈夫。
水きりしたヨーグルトでつくる、
さわやかな酸味が広がるひんやりデザート。

材料 直径18cmのセルクル型1台分

- ヨーグルト（無糖）…400g
- 生クリーム…50ml＋150ml
- 粉ゼラチン…10g
- オレンジ…2個
- 砂糖…60g

下準備

大さじ2の水に
粉ゼラチンを
ふり入れて混ぜ、
5分おいてふやかす。

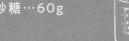
つくり方

〈前日作業〉
ボウルにザルを重ね、キッチンペーパーを敷いてヨーグルトを入れる。ひと晩冷蔵庫に置いて水気をきる。

耐熱ボウルに生クリーム50mlを入れ、ラップをかけて電子レンジ（500W）で1分加熱する。ゼラチンを加えて溶けるまで混ぜ、常温になるまで冷ます。

オレンジは天地を切り落とし、白い部分から皮を包丁でむく。果肉を8mm角に切る。

別のボウルに**1**を入れ、泡立て器でなめらかになるまで混ぜる。

4に砂糖、生クリーム150mlを順に加え、その都度ダマがなくなるまで混ぜる。**2**、**3**を順に加え、その都度混ぜる。

セルクル型を水でぬらし、ラップをピンと張ってかぶせ、側面を輪ゴムで留める。これを裏返して、バットにのせる。

5を**6**に流し入れる。ラップをかけて冷蔵庫で3〜6時間冷やしかためる。

ラップを引き抜いてからセルクル型の内側にナイフをさしこみ、ぐるりと一周させて型をはずす。

memo

セルクル型を
水でぬらすのは、
あとで型からケーキを
はずしやすくするためです。

マンゴーレア
チーズケーキ

ミキサーを使えば混ぜる手間なし。
マンゴーピューレで手軽にできる
南国味のデザート。

材料　直径18cmのセルクル型1台分

- ビスケット…80g
- バター（食塩不使用）…60g
- 生クリーム
　…170㎖＋大さじ2
- 粉ゼラチン…10g
- クリームチーズ
　…200g
- マンゴーピューレ
　…150g
- 砂糖…80g

下準備

・クリームチーズは常温に戻す。

・水大さじ2に粉ゼラチンをふり入れて混ぜ、5分おいてふやかす。

・バターは耐熱ボウルに入れラップをかけて、電子レンジ（500W）で30秒加熱して溶かす。

つくり方

タルト生地をつくる（P56の**1**参照）。セルクル型（P71の**6**参照）に敷きつめ、冷蔵庫で10分冷やしかためる。

耐熱ボウルに生クリーム170㎖、ゼラチン2/3量を入れ、ラップをかけて電子レンジ（500W）で1分加熱してよく混ぜる。これをミキサーに入れ、クリームチーズ、マンゴーピューレ半量、砂糖を加えて撹拌する。

1に流し入れ、冷蔵庫で1～3時間冷やしかためる。

残りのマンゴーピューレに残りのゼラチンを加え、電子レンジで30秒加熱してよく混ぜる。これを**3**に注ぎ、生クリーム大さじ2で円を描き、楊枝でもようを描く。冷蔵庫で1時間冷やしかためる。

白と黒のコントラスト
オセロ・レア
チーズケーキ

白いクリームチーズで黒いオレオをサンド。
泡立てた生クリームの効果でふんわり食感。

材料 直径18cmのセルクル型1台分

- クリームチーズ…200g
- 砂糖…40g
- レモン汁…大さじ1
- 生クリーム…200ml
- オレオ…9枚

下準備

クリームチーズは
常温に戻す。

つくり方

ボウルにクリームチーズを入れ、泡立て器でなめらかになるまで混ぜる。砂糖の約半量、レモン汁を加えて混ぜる。

生クリームに残りの砂糖を加え、8分立てにする（P41の**6**参照）。これを**1**へ1/3量ずつ加える。ゴムベラで1回目はよく混ぜる。次からは泡がつぶれないよう底からすくいあげるように混ぜる。

セルクル型（P71の**6**参照）に、**2**の半量を流し入れる。オレオ半量をわってのせ、その上に残りの**2**を流し入れる。

表面にもオレオをわってのせる。ラップをかけ冷蔵庫で2〜6時間冷やしかためる。セルクル型に皿をのせて裏返し、型をはずす。

板チョコでできちゃう

〈 チョコブリュレ 〉

ビターでまったりとした大人っぽい風味。
板チョコでつくったとは思えないできばえです。
バーナーで表面を焦がせばいっそう本格的。

材料 直径9cmのココット2個分

- 板チョコ（ブラック）…50g
- 卵…全卵1個と卵黄2個
- 砂糖…40g
- 牛乳…125㎖
- 生クリーム…125㎖

つくり方

1 チョコレートは細かくきざむ。

2 ボウルに卵を入れて、泡立て器でほぐす。砂糖を加え、白っぽくなるまでよく混ぜる。

3 鍋に牛乳、生クリームを入れ、沸騰直前まで温める。

4 **2**に**1**を入れる。続けて**3**を少量ずつ加えながらゴムベラで混ぜる。

5 漉して、ココットに流し入れる。

6 トースターの天板にぬらした布巾を敷き、ココットをのせる。コの字形に折ったアルミホイルをかぶせ、1000Wで15〜17分焼く。粗熱がとれたら冷蔵庫で冷やす。

7 バーナーがあれば、砂糖少々（分量外）をまぶし、表面を焦がす。

memo

アルミホイルはコの字形に折り、
ココットとのあいだに少しすきまが
あくようにするとベスト。
すきまからいい感じに
熱が入ります。

ケーキ屋さんに匹敵!?
〈 フルーツの
カスタードパイ 〉

電子レンジでとろ〜りなめらかなカスタードクリームがつくれます。
ココット形に焼いたパイ生地につめて、たっぷりフルーツをトッピング。

材料 直径9cmのココット2個分

- 冷凍パイシート
  （11cm×17cm）…2枚
- いちご…適量
- ぶどう…適量

〈カスタードクリーム〉
- 卵…1/2個
- 砂糖…25g
- バニラエッセンス…5滴（省いても可）

- 薄力粉…8g
- 牛乳…100ml

下準備

パイシートは
半解凍する。

つくり方

カスタードクリーム

1
カスタードクリームをつくる。耐熱ボウルに卵、砂糖を入れて泡立て器でざらつきがなくなるまで混ぜる。

2
薄力粉をふるい入れ、粉気がなくなるまで混ぜる。牛乳を2～3回に分けて加え、その都度混ぜる。

3
ラップをかけ電子レンジ（500W）で1分30秒加熱する。その後、ゴムベラで混ぜる→30秒加熱することを2～3回繰り返す。

4
加熱しすぎると団子状になるので注意。さらっと軽くなりツヤが出てきたらOK。バニラエッセンスを加える場合は混ぜる。漉して、バットに広げて冷ます。

フルーツのカスタードパイ

1

パイ生地をつくる。直径6cmの耐熱ボウルをアルミホイルで包む。これを重しがわりにする。

2

パイシートにココットを裏返してのせ、ひとまわり大きく切る。これをココットに敷きつめ、**1**をつめる。

3

トースター（1000W）で5分焼き、いったん取り出す。

4

重しをつめたまま、アルミホイルを敷いた天板に裏返してココットをはずす。再び3分ほど焼いてアルミホイルをかぶせ、淡い焼き色がつくまで焼く。重しをとり、冷ます。

5

カスタードクリームをパイ生地につめる。2～4等分に切ったいちご、ぶどうをトッピングする。

memo

パイ生地を
から焼きするときは、
重しをすることで生地が
ふくれ上がるのを防ぎます。
専用の重しがなくても
耐熱ボウルなどで代用可

中華風蒸しパン

マーラーカオ

生地づくりは5分で完了。炊飯器で
むっちりもっちりとした中華風蒸しパンのできあがり。

材料　3.5合炊きの炊飯器1台分

- 卵…2個
- 砂糖…70g
- 牛乳…140㎖
- 強力粉…150g
- ベーキングパウダー…小さじ2
- サラダ油…大さじ1½
- みりん…小さじ1
- 醤油…小さじ1
- レーズン…50g

下準備

炊飯器の内釜の
内側全面にラップで
サラダ油（分量外）
をぬる。

つくり方

1 ボウルに卵を割り入れ、泡立て器でほぐす。砂糖、牛乳を順に加え、その都度よく混ぜる。

2 強力粉とベーキングパウダーを合わせてふるい入れ、粉気がなくなるまで混ぜる。

3 サラダ油を加えてなじむまで混ぜる。続けて、みりん、醤油、レーズンを加えて混ぜる。

4 内釜に流し入れ、底をたたいて生地の気泡を抜く。普通に炊き、竹串をさしてドロッとした生地がついてこなければ完成。半生なら追加で早炊きする。内釜を裏返して取り出す。

材料はシンプル

〈 カラメルプディング ケーキ 〉

炊飯器でつくる
ベーシックなケーキに、
ほろ甘苦いカラメルをたら～り。

下準備

・卵を卵黄と卵白にわけ、
　卵白はボウルに入れて
　冷凍庫で10分冷やす。

・炊飯器の内釜の内側全面
　にラップでバターをぬる。

材料　3.5合炊きの炊飯器1台分

- 卵…3個
- 砂糖…50g
- 薄力粉…55g
- バター（食塩不使用）
　…少量

〈カラメル〉
- 砂糖…大さじ2
- 水…大さじ1

つくり方

1 ボウルに卵黄を入れて泡立て器でほぐし、砂糖の約半量を加えて白っぽくなるまで混ぜる。薄力粉をふるい入れ、ゴムベラでさっくりと混ぜる。

2 卵白に残りの砂糖を加えてメレンゲをつくる（P53の5参照）。これを1へ1/3量ずつ加える。ゴムベラで1回目はよく混ぜる。次からは泡が消えないよう底からすくうように混ぜる。

3 内釜に流し入れ、底をたたいて生地の気泡を抜く。普通に炊き、竹串をさしてドロッとした生地がついてこなければ完成。半生なら追加で早炊きする。内釜を裏返して取り出す。

4 耐熱容器にカラメルの材料を入れ、ラップをしないで電子レンジ（500W）で1分加熱する。そのあと10秒おきに様子をみてカラメル色に仕上げ、3にかける。

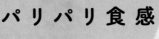

パリパリ食感

いちご
ミルフィーユ

生地の正体はこんがり焼いた春巻きの皮。
いちごとダブルのクリームをたっぷりはさめば、
いつもとはひと味違うミルフィーユを楽しめます。

材料　2人分

- いちご…6～8個
- 春巻きの皮…2枚

〈ホイップクリーム〉
- 生クリーム…100mℓ
- 砂糖…大さじ1

〈カスタードクリーム〉
- 卵…1/2個
- 砂糖…25g
- 薄力粉…8g
- 牛乳…100mℓ
- バニラエッセンス…5滴

下準備

カスタードクリーム
をつくる。
（P77の上参照）

つくり方

いちごはヘタをとり、縦4等分に切る。

春巻きの皮を4等分に切る。オーブントースター（1000W）で1分ほど淡いきつね色に焼く。

ボウルに生クリームを入れる。砂糖を2回に分けて加え、その都度よく泡立て、しっかりとツノが立つ9分立てにする。

春巻きの皮にカスタードクリームをぬり、いちごをのせ、**3**をしぼり出し袋に入れてしぼる。これを3～4段重ねる。

memo

春巻きの皮は焦げやすいので、
目を離さずに焼いてください。
カスタードがあまったらトーストにぬる
などして楽しみましょう。

トースターで花咲く

〈リンゴのローズパイ〉

薄切りのリンゴをパイ生地でくるくる巻いて焼きあげます。
食べるのがもったいない、キュートなお菓子のできあがりです。

材料 4〜6個分

- リンゴ…1個
- 砂糖…大さじ2
- バター（食塩不使用）…10g
- 冷凍パイシート（18cm×10cm）…2枚

下準備

パイシートは
半解凍する。

つくり方

リンゴは縦4等分に切って芯をとり、皮つきのまま厚さ2mmの薄切りにする。

耐熱ボウルに1、砂糖、ちぎったバターを交互に重ね、ラップをかけて電子レンジ（500W）でしんなりするまで3分ほど加熱する。水気をきり、冷ます。

パイシートは約1.5cm幅の細長いひも状に切る。

3を2本横に並べて端を少し重ねて置き、指で押してくっつけ、長いひも状にする。

4の両端1cm分は余白を残し、2を半分ずつ重ねながら並べる。

くるくる巻いてバラのかたちにする。

トースターの天板にアルミホイルを敷き、6を並べる。アルミホイルをかぶせ、1000Wで10〜15分焼く。アルミホイルをとり、3分ほど焼いて焼き色をつける。

memo

パイ生地が淡いきつね色に焼けたら
完成です。
様子をみながら焼きましょう。
梨でも同じようにつくれます。

市販の甘栗で

〈 マロンムース 〉

ミキサーを使えば甘栗もあっという間にペースト状に。
さくさくしたビスケット生地ととろけるムースの相性が絶妙。
自然な甘さもポイント高いです。

材料 直径18cmの紙製ケーキ型1台分

- ビスケット…100g
- 板チョコ（ミルク）…50g
- むき甘栗…100g
- 砂糖…20g
- 牛乳…100ml
- 粉ゼラチン…5g
- 生クリーム…150ml

下準備

大さじ1の水に粉ゼラチンをふり入れて混ぜ、5分おいてふやかす。

つくり方

1 ジッパー付き保存袋にビスケットを入れてめん棒でパン粉状になるまでたたく。

2 耐熱容器にきざんだチョコレートを入れ、ラップをかけて電子レンジ（500W）で40秒加熱して溶かす。これを**1**の袋に加え、もんでしっかりとなじませる。

3 型に**2**を入れ、スプーンの背で押しかためて冷蔵庫で10分冷やしかためる。

4 ミキサーに甘栗、砂糖、牛乳半量を入れて、甘栗が細かくなるまで撹拌する。

5 残りの牛乳を耐熱容器に入れ、電子レンジで1分加熱し、ゼラチンを加えて溶けるまで混ぜる。これを**4**のミキサーに加えて撹拌し、ボウルに移す。

6 別のボウルに生クリームを入れて泡立て、筋が薄く残るくらいの6分立てにする。

7 **5**に**6**を1/3量ずつ加える。ゴムベラで1回目はよく混ぜる。次からは泡がつぶれないようにふんわり混ぜる。

8 **3**に流し入れ、冷蔵庫で3〜6時間冷やしかためる。

食感が楽しい
〈 オレオ ティラミス 〉

ふたつの名ビスケットと
ジッパー付き保存袋でつくれる
超かんたんスイーツ。

材料 2〜3人分
- オレオ…4枚
- ビスコ…4枚
- クリームチーズ…50g+50g+100g
- 砂糖…50g

下準備

クリームチーズは
常温に戻す。

つくり方

1 ビスコはビスケットを
はがして、クリームが
ついている側とついて
いない側にわける。オ
レオも同様にする。

2 クリームがついている
側をジッパー付き保
存袋に入れてめん棒
で粗くくだく。クリー
ムチーズ50gを加え、
もんでなじませる。オ
レオも同様にする。

3 別のジッパー付き保
存袋にクリームチー
ズ100g、砂糖を入れ
て、やわらかくなるま
でもむ。袋の下角を1
cm分ななめに切る。**2**
の袋も同様にする。

4 容器にクリームのつい
ていないビスコをくだ
いて入れ、**2**のビスコ
クリーム、**2**のオレオ
クリーム、**3**を順にし
ぼる。最後にクリーム
のついていないくだい
たオレオをのせる。

お麩が変身！
〈 キャラメルラスク 〉

お麩がサクサクに！
映画鑑賞のおともにしたいキャラメルポップコーン風の絶品ラスク。

材料　2〜3人分

- 砂糖…30g
- バター…20g
- 牛乳…大さじ1
- 麩（小町麩）…20g

つくり方

1 フライパンに砂糖、バター、牛乳を入れて中火にかけ、ヘラで混ぜる。

2 ふつふつ泡立ってきたら麩を投入して、ヘラで混ぜながらからめる。

3 全体に液がからんだら弱火にして、両面をこんがり焼く。バットに取り出し、冷ます。

memo

小町麩は汁ものの具などに使われるひと口サイズのお麩。常備しておけばいつでも手軽につくれます！

かぼちゃ モンブラン

手づくりの口金で、かぼちゃクリームをしぼり出したモンブランです。
土台は市販のカステラを使って楽チンに！

材料　4〜6個分

- カステラ…2〜3きれ

〈かぼちゃのグラッセ〉
- かぼちゃ…50g
- 砂糖…15g
- 水…小さじ2
- ラム酒…大さじ1

〈かぼちゃクリーム〉
- かぼちゃ…260g
- 砂糖…40g
- ラム酒…小さじ1
- バター（食塩不使用）…15g
- 生クリーム…160㎖

下準備

かぼちゃは皮をむいて7㎜角に切る。

つくり方

1 口金をつくる。やけどに注意してフォークの先端を火であぶり、ペットボトルのフタにつきさし、大きめの穴を数個あける。ペットボトルを口の下から2㎝のところで切り、フタをする。

2 ジッパー付き保存袋の下角をななめに4㎝ほど切る。袋に**1**を入れて、切り口からフタが出るようにセットする。

3 かぼちゃのグラッセをつくる。耐熱ボウルにかぼちゃ、砂糖、水を入れ、ラップをかけて電子レンジ（500W）で1〜2分加熱する。ラム酒を加えて冷まし、グラッセと汁（シロップ）をわける。

4 かぼちゃクリームをつくる。かぼちゃを水にくぐらせて耐熱ボウルに入れ、ラップをかけ電子レンジで2〜3分、やわらかくなるまで加熱する。キッチンペーパーで水気をとりつつマッシャーでつぶす。

5 **4**を2回裏ごしする。砂糖、ラム酒、バターを加え、ゴムベラでよく混ぜる。

6 別のボウルで生クリームをよく泡立て、やわらかいツノが立つ8分立てにする（A）。半分強を別のボウルに移し、さらに泡立てしっかりツノが立つ9分立てにする（B）。

7 **5**に**6**のAを1/3量ずつ加える。ゴムベラで1回目はよく混ぜる。次からは泡がつぶれないよう底からすくいあげるように混ぜる。

8 カステラは半分の厚さに切る。**3**のシロップを刷毛でぬり、グラッセをのせ、**6**のBを山がたにのせる。**2**に**7**を入れて、しぼる。

memo
口金は穴を大きめにあけるのがコツ。クリームがしぼり出やすくなります。

ホットケーキミックスでつくる

〈 さつまいもマフィン 〉

ホットケーキミックスに
つぶしたさつまいもをたっぷり混ぜてトースターへ。
焼き立てはほっくほく。
素朴な甘さが口いっぱいに広がります。

材料 紙製マフィンカップ8個分

- さつまいも…100g
- バター（食塩不使用）…30g
- 砂糖…60g
- 卵…1個
- 牛乳…60㎖
- ホットケーキミックス…120g

下準備

バターは耐熱容器に入れラップをかけて、電子レンジ（500W）で30秒加熱して溶かす。

つくり方

さつまいもの1割は皮ごと、残りは皮をむき、1cm角に切る。耐熱ボウルに入れて、大さじ1の水を加え、ラップをかけて電子レンジ（500W）で3～5分、やわらかくなるまで加熱する。

皮つきのさつまいもは飾り用によけておく。皮なしのさつまいもはマッシャーやフォークで粗めにつぶす。

別のボウルに溶かしバター、砂糖を入れて、泡立て器でよく混ぜる。卵を加え、白っぽくなるまで混ぜる。

3に牛乳を加える。ホットケーキミックスをふるい入れ、ゴムベラで粉気がなくなるまで混ぜる。**2**のつぶしたさつまいもを加えてさっくりと混ぜる。

トースターの天板にアルミホイルを敷く。マフィンカップを並べ、6分目まで**4**を入れる。飾り用のさつまいもをのせる。

1000Wで2分ほど焼く。焼き色がついたらアルミホイルをかぶせ、10～15分焼く。竹串をさしてドロッとした生地がついてこなければ完成。

memo

カップすれすれまで生地を入れると、焼いているうちに生地がふくらんであふれてしまいます。
6分目くらいまでの量がベストです。

91

材料3つの
〈 さつまいもトリュフ 〉

裏ごししたさつまいもと板チョコを混ぜて丸めるだけ。
コーヒーにもほうじ茶にも合う、ひと口サイズのおやつです。
冷蔵庫で冷やして食べても。

材料　約15個分

- さつまいも…200g
- 板チョコ（ブラック）…50g
- ココアパウダー…適量

つくり方

1

さつまいもは皮をむき1cm幅の輪切りにする。水にくぐらせて耐熱ボウルに入れ、ラップをかけて電子レンジ（500W）で3〜4分、やわらかくなるまで加熱する。

2

熱いうちにマッシャーやヘラでつぶし、裏ごしする。

3

チョコレートをきざんで耐熱ボウルに入れる。ラップをかけ電子レンジで1分加熱してやわらかくする。完全に溶けなくても大丈夫。

4

2が温かいうちに**3**を加え、ゴムベラでよく混ぜる。

5

15gずつに分け、水をつけた手のひらで丸める。

6

フタつき容器に**5**のトリュフ、ココアパウダーを入れてしゃかしゃかふり、トリュフにココアパウダーをまぶす。

memo

つくり方**4**でリンゴジャム
大さじ1〜2をプラスしても。
風味がアップします！

子どもが大好き

〈 プリン
バナナケーキ 〉

市販のプリンがフライパンでケーキに早がわり。
身近な材料で手軽にできるから親子でつくるのもおすすめ。
子どもたちが大好きな味です。

材料 直径18cmのフライパン1台分

- 市販のプリン…170～200g
- ホットケーキミックス…100g
- バナナ…1本
- バター（食塩不使用）…少量

つくり方

1

ボウルにプリンのみ入れて、泡立て器でクリーム状になるまで混ぜる。カラメルは別の容器にとっておく。

2

ホットケーキミックスをふるい入れ、粉気がなくなるまで混ぜる。

3

バナナは1cm幅の輪切りにする。

4

フライパンにラップでバターをぬり、**2**を流し入れる。底を手でトントンとたたいて生地の気泡を抜く。表面にバナナをのせる。

5

弱火で5分ほど焼く。表面がかわいてきたらフタをして10～15分焼く。

6

いったん皿に取り出し、裏返してフライパンに戻し入れる。フタをしないで弱火で5分ほど焼く。

7

熱いうちに、とっておいたプリンのカラメルを刷毛で表面にぬって完成。

memo

牛乳も砂糖も入っているプリンを使えば、少ない材料でケーキが焼けちゃいます。

蒸さずにつくれる
〈 プリンタルト 〉

まったり濃厚。
プリンはゼラチンで冷やしかためるので
蒸さずにつくれます。

下準備

・水大さじ1に粉ゼラチンを
　ふり入れて混ぜ、
　5分おいてふやかす。

・バターは耐熱ボウルに
　入れラップをかけて、
　電子レンジ（500W）で
　30秒加熱して溶かす。

材料　直径9cmのココット2個分

● ビスケット…100g
● バター（食塩不使用）…60g
● 生クリーム…100mℓ
● 砂糖…40g
● バニラエッセンス…5滴
● 粉ゼラチン…5g
● 卵…2個

つくり方

1　ジッパー付き保存袋にビスケットを入れてめん棒でパン粉状になるまでたたく。溶かしバターを袋に加え、もんでしっかりとなじませる。

2　ココットの底にクッキングシートを敷き、**1**を入れてスプーンの背で側面にも押しつける。冷蔵庫で10分冷やしかためる。

3　鍋に生クリーム、砂糖を入れて弱火にかけ、ゴムベラで混ぜる。砂糖が溶けたらバニラエッセンス、ゼラチンを加え、火を止めてゼラチンが溶けるまで混ぜる。沸騰させないこと。

4　ボウルに卵を割り入れてほぐす。氷水にあて、**3**を少量ずつ加え、よく混ぜる。漉して**2**に流し入れる。冷蔵庫で3時間冷やしかためる。ココットの内側にぐるりとナイフを入れ、取り出す。あればバーナーで表面を焦がす。

キャラメルプリン

市販のキャラメルでつくるなつかしい甘さ。
好みでホイップクリームをトッピングしても。

材料 300mlの耐熱容器2個分

- 牛乳…400ml
- キャラメル…45g
- 卵…2個

〈キャラメルソース〉
- キャラメル…15g
- 牛乳…大さじ3

つくり方

1

鍋に牛乳を入れ、鍋のふちに小さな泡が出るまで温める。キャラメルを加え、ゴムベラで混ぜながら弱火で溶かす。氷水にあてて冷ます。

2

ボウルに卵を割り入れて泡立て器でほぐす。**1**を3回に分けて加え、その都度混ぜる。漉して耐熱容器に流し入れ、ふんわりとラップをかける。

3

鍋に、容器が半分つかる量の湯を沸かす。布巾を敷いて容器を並べる。フタをして20分ほど表面がかたまるまで弱火で蒸す。火を止めて10分余熱で火を通す。粗熱がとれたら冷蔵庫で冷やす。

4

キャラメルソースをつくる。小鍋にキャラメル、牛乳を入れて弱火にかけ、とろみが出るまでゴムベラで混ぜる。冷まして**3**にかける。

果実の甘味が広がる

〈 いちじくケーキ 〉

果肉の自然な甘みとバターの風味が調和。
しっとりふんわりした食感も魅力のケーキです。

材料　直径15cmの底がとれる丸型1台分

- いちじく…4〜5個
- 卵…2個
- 砂糖…60g+40g
- バター（食塩不使用）…100g
- 薄力粉…100g

下準備

- 卵を卵黄と卵白にわけ、卵白はボウルに入れて冷凍庫で10分冷やす。

- バターは耐熱ボウルに入れラップをかけて、電子レンジ（500W）で40秒加熱して溶かす。

- 型の底と側面をアルミホイルでおおう。

つくり方

1 いちじく2個は皮をむいて手でつぶす。残りは皮をむいて8等分のくし形に切る。

2 ボウルに卵黄、砂糖60gを入れ、泡立て器で白っぽくなるまで混ぜる。溶かしバター、つぶしたいちじくを順に加え、その都度混ぜる。薄力粉をふるい入れ、粉気がなくなるまで混ぜる。

3 卵白に砂糖40gを加えてメレンゲをつくる（P53の**5**参照）。これを**2**へ1/3量ずつ加える。ゴムベラで1回目はよく混ぜる。次からは泡がつぶれないよう底からすくいあげるように混ぜる。

4 型に流し入れ、くし形のいちじくを並べる。アルミホイルをかぶせてトースター（1000W）で20〜30分焼く。アルミホイルをとり、3分ほど焼く。扉をあけずに冷めるまでおく。

2層でジューシー

いちじくの ムース風プリン

マシュマロでつくるちょっと不思議なプリン。
下はジュース状、上はムース風の二層式です。

材料　2〜3人分

- いちじく…2個
- 牛乳…200㎖
- マシュマロ…80g

つくり方

1 いちじく1個は皮をむいて手でつぶす。

2 耐熱ボウルに牛乳を入れ、電子レンジ（500W）で2分加熱する。マシュマロを加え、ゴムベラでつぶしながら溶かす。溶けきらなければ電子レンジで30秒ほど加熱する。

3 2につぶしたいちじくを加え、よく混ぜる。器に流し入れ、冷蔵庫で3時間冷やしかためる。残りのいちじくを皮をむいて8等分に切り、のせる。

memo

冷やしているあいだに分離して二層になります。失敗作からうまれた新感覚のスイーツです。

〈 桃プリン 〉

しゅわしゅわっとしてエアリー。
マシュマロの力でかためる簡単プリン。

材料 2〜3人分

- 桃の缶詰…150g
- レモン汁…小さじ2
- 牛乳…150㎖
- マシュマロ…80g

つくり方

1 桃はおろし器ですりおろし、100gと50gに分けてボウルに入れる。50gの桃にはレモン汁を加え混ぜてソースにする。

2 耐熱ボウルに牛乳を入れ、電子レンジ（500W）で2分加熱する。マシュマロを加え、ゴムベラでつぶしながら溶かす。溶けきらなければ電子レンジで30秒ほど加熱する。

3 2に1の桃100gを加え、ゴムベラでよく混ぜる。容器に流し入れて冷蔵庫で1〜3時間冷やしかためる。

4 1のソースをかけて、冷蔵庫でさらに3時間冷やしかためる。好みでひと口サイズに切った桃（分量外）をトッピングする。

PART4

オーブンなしで

まったり
和スイーツ

とっつきにくいイメージの和菓子も、
トースターや炊飯器でお手軽にできます。
後はほっこりしながら、心ゆくまで
おやつの時間を楽しんで。

トースターなのに本格的

〈 抹茶テリーヌ 〉

濃厚な抹茶の風味に、ねっとりとした舌ざわり。
トースターで焼いたとは思えない高級感あふれる味わいです。

材料 18cm×10cmのパウンドケーキ型1台分

- 板チョコ（ホワイト）…180g
- 抹茶…15g+適量
- バター（食塩不使用）…100g
- 卵…3個
- 砂糖…50g
- 生クリーム…30㎖

下準備

バターは耐熱容器に入れラップをかけて、電子レンジ（500W）で40秒加熱して溶かす。

つくり方

チョコレートは細かくきざんでボウルに入れ、湯せんで溶かす（P13の**2**参照）。

抹茶15g、溶かしバターを加え、ゴムベラでよく混ぜる。

別のボウルに卵を割り入れ、砂糖を加えて泡立てないように混ぜる。これを漉しながら**2**へ3回に分けて加え、その都度なじむまで混ぜる。

生クリームを加え、白い筋が消えるまで混ぜる。

型の底にクッキングシートを敷いて、**4**を流し入れる。台にトントンと軽く打ちつけて気泡を抜く。

トースターの天板にぬらした布巾を敷いて、型をのせる。アルミホイルをコの字形に折ってかぶせ、1000Wで30〜40分焼く。

粗熱がとれたら冷蔵庫で3時間冷やす。茶こしで抹茶適量を全面にふる。

ヘルシー

〈 豆腐わらび餅 〉

豆腐なのにむっちりふるふる。
材料を電子レンジで加熱して練るだけで、
わらび餅そっくりに仕上がります。
甘さひかえめのヘルシースイーツ。

材料　2〜3人分

- 絹ごし豆腐…200g
- 片栗粉…50g
- 牛乳（または水）…大さじ1/2
- きな粉…大さじ2
- 砂糖…大さじ2

〈黒みつ〉
- 黒砂糖…50g
- 水…50㎖

つくり方

耐熱ボウルに豆腐を入れ、泡立て器でペースト状になるまで混ぜる。片栗粉を加えてよく混ぜる。

ラップをかけて電子レンジ（500W）で2分加熱する。熱いうちにゴムベラで混ぜる。牛乳を加え混ぜて1分加熱する。もっちりするまで練り混ぜる。

ラップで包み、厚さ1cmの長方形にかたちを整える。冷蔵庫で30分冷やす。

黒みつをつくる。小鍋に黒砂糖、水を入れて弱火にかける。ヘラで黒砂糖をつぶしながらとろっとするまで煮つめて、冷ます。

ぬらした包丁で3をひと口大に切る。

きな粉と砂糖を混ぜてバットに広げ、5にたっぷりからめる。器に盛り、黒みつをかける。

memo

電子レンジで加熱した豆腐を
お餅のようになるまで
よく練り混ぜましょう。
もっちもちに仕上がります。

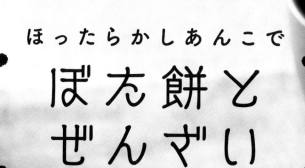

ほったらかしあんこで

ぼた餅とぜんざい

あんこづくりも炊飯器におまかせ。
意外なほどふっくらと炊きあがります。ひと工夫ありの
ぼた餅と定番のぜんざい。あんこづくしの2品とともにご紹介。

材料

〈あんこ〉つくりやすい分量	〈ぼた餅〉12〜15個分	〈ぜんざい〉1人分
● 小豆…250g	● 米…2合	● きり餅…2個
● 水…900mℓ	● きり餅…50g	● あんこ…適量
● 砂糖…180g	● あんこ…適量	
● 塩…小さじ1/2		

つくり方

あんこ

1 炊飯器に洗った小豆、水を入れて普通に炊飯する。次に、砂糖、塩を加え混ぜ、もう一度普通に炊く。適量をぜんざい用にとりわけておく。

2 ゴムベラで小豆を内釜に押しつけながら粗くつぶす。

3 水気が多い場合は、耐熱容器に移しラップをかけて電子レンジ（500W）で好みの加減まで加熱して水気を飛ばす。

ぼた餅

1 炊飯器に米、2合の目盛りの水、餅を入れて普通に炊く。しゃもじできり混ぜると餅米風になる。

2 手に水をつけて小ぶりの俵形ににぎり、あんこで包む。

ぜんざい

1 トースターで餅を焼き、碗に入れる。ぜんざい用にとっておいたあんこを温め、湯を好みの量足し混ぜて、碗に注ぐ。

memo

小豆は浸水しなくてもOK。
炊飯器で炊くとき、最初から砂糖と塩を入れてしまうと小豆がやわらかくなりにくいので気をつけましょう。

しっとりふわもち
《 どら焼き 》

はちみつ入りの生地はしっとりふわふわ。
あんこをたっぷりはさんで召しあがれ。

材料 5〜6個分

- 卵…2個
- 砂糖…90g
- はちみつ…大さじ1
- 薄力粉…80g
- ベーキングパウダー…小さじ1/2
- 水…大さじ2+大さじ2
- サラダ油…適量
- あんこ…約300g

下準備

・あんこをつくる
（P107の上参照。
半量の材料でつくる）。

・卵は常温に戻す。

つくり方

ボウルに卵を割り入れてほぐす。
砂糖を3回に分けて加え、その都
度よく泡立てる。もったりし、生
地を上からたらしたときに筋が残
るまで根気よく泡立てる。

はちみつを加える。薄力粉とベーキ
ングパウダーを合わせてふるい入
れ、ゴムベラでさっくりと混ぜる。
水大さじ2を加えてさっくり混ぜ、
ラップをかけて15分寝かせる。再
び、水大さじ2を加え混ぜる。

フライパンに油を弱火で熱し、**2**
をたらして直径10cmの大きさに
する。フタをして3分ほど焼く。
表面がかわいたら裏返し、フタを
しないで30秒ほど焼く。

生地が冷めたらあ
んこをたっぷりはさ
む。ラップで包み1分
おいてなじませる。

memo

生地がふっくら焼けない場合は
水の量を減らして再チャレンジを！

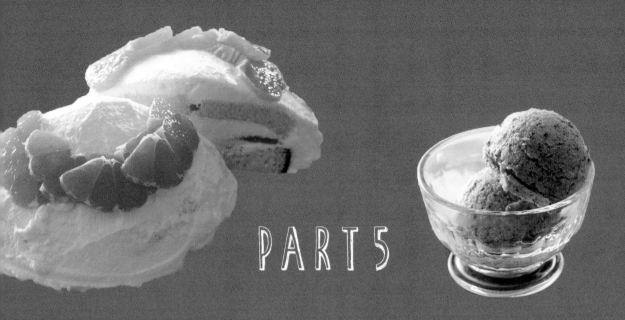

PART5

季節の
スイーツだって
オーブンなしでできちゃう！

クリスマスやバレンタインなど、
季節の折々で、プレゼントや
おもてなしにぴったりのスイーツを集めました。
楽しくつくって、その気持ちが
いろんな人に伝わりますように！

袋でシェイクすれば完成!

〈 アイスクリーム 〉

氷と塩の科学の力で急速冷却。
材料を袋に入れてしゃかしゃかふるだけでアイスクリームの完成です。
つくり立てが食べどき。夏にぴったりの一品です。

材料 1〜2人分

- 牛乳…150㎖
- 砂糖…大さじ1
- バニラエッセンス …5滴

〈用意するもの〉
- 氷…100g
- 塩…約30g

つくり方

1

ボウルに牛乳、砂糖、バニラエッセンスを入れて泡立て器で砂糖が溶けるまで混ぜる。これをジッパー付き保存袋に入れて口をとじる。

2

1の袋よりひとまわり大きなジッパー付き保存袋に、氷と塩を入れる。

3

2の袋の口をとじて、塩がまんべんなく行きわたるようしゃかしゃかふり混ぜる。

4

1の袋を**3**の袋に入れて口をとじ、5分ほどふったりもんだりする。

5

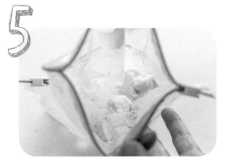

1の袋の中身がアイスクリーム状になれば完成。

memo

牛乳の半量を生クリームにすると、
クリーミーなアイスクリームに
仕上がります。

香ばしさいっぱい

〈 黒ごまアイス 〉

黒ごまたっぷり。
生クリームを泡立てることで
ふわっととろけるアイスに仕上がります。

材料　2人分

- 牛乳…50㎖
- 黒ごま（すりごま）…大さじ2
- 生クリーム…100㎖
- 砂糖…35g

つくり方

ボウルに牛乳、黒ごまを入れ、ゴムベラでよく混ぜる。

別のボウルに生クリームを入れる。砂糖を3回に分けて加え、その都度よく泡立て、やわらかいツノが立つ8分立てにする。

1に、2の1/3量を加えてゴムベラでよく混ぜる。残りの2を加え、今度は泡がつぶれないよう底からすくいあげるように混ぜる。

保存容器に流し入れ、フタをして冷凍庫へ。1時間おきに取り出し、ゴムベラで混ぜることを3～4回繰り返す。

大人のやみつき
〈ラムレーズンアイス〉

ラム酒が香る大人の極上アイス。
お酒好きなら"追いラム酒"もおすすめ。

材料 2人分

- 生クリーム…200㎖
- レーズン…20g
- 練乳…80㎖
- ラム酒…40㎖

下準備

ラムレーズンをつくる
（P31の「レーズンサンド」
の1参照）。

つくり方

1 ボウルに生クリームを入れ、よく泡立て、やわらかいツノが立つ8分立てにする。1/4量を別のボウルに移し、練乳を混ぜる。

2 1の練乳を生クリームのボウルに加え、泡がつぶれないようゴムベラで底からすくいあげるように混ぜる。

3 ラムレーズンと、その漬け汁大さじ1を加え、ふんわりと混ぜる。

4 保存容器に流し入れ、フタをして冷凍庫へ。1時間おきに取り出し、ゴムベラで混ぜることを3〜4回繰り返す。

memo
凍らせている途中で混ぜると
なめらかな口あたりに
仕上がります。

113

器も食べられる

〈 丸ごと
かぼちゃプリン 〉

かぼちゃの器ごとぱくり。
素材の優しい甘さが口いっぱいに広がります。
ハロウィンの季節にぴったりのインパクトあるおやつです。

つくり方

1 かぼちゃの側面を薄く切り落として すわりをよくし、スプーンで種とワタをくりぬく。

2 鍋にかぼちゃを入れ、1/3つかる量の水を注ぐ。フタをして強火にかける。

3 沸騰したら弱火で15〜20分蒸し煮にする。竹串をさして少し抵抗を感じるやわらかさになればOK。取り出し、水にさらして冷ます。

4 果肉を100g分くらいスプーンでくりぬき、ボウルに入れる。砂糖を加えてゴムベラでよく混ぜる。

5 別のボウルに卵を割り入れて溶き、牛乳を加えてよく混ぜる。これを漉しながら**4**のボウルに加えてゴムベラでよく混ぜる。

6 **2**の鍋にキッチンペーパーを敷く。かぼちゃを戻し入れ、1/3つかる量の水を注ぐ。かぼちゃのくぼみに**5**を流し入れ、ラップをかける。

7 フタをして強火にかけ、沸騰したら弱火で20分ほど蒸し煮にする。プリンの表面がかたまればOK。火を止めて10分余熱で火を通す。取り出して、粗熱がとれたら冷蔵庫で冷やす。

memo

最初にかぼちゃをやわらかく煮すぎると器にしたときにくずれてしまうので、「まだかたいかな？」と感じるくらいがちょうどいいです。

聖なる夜に
〈 ブッシュ・ド・ ノエル 〉

クリスマスの定番ケーキも、
電子レンジでスポンジ生地をつくれば簡単。
「ブッシュ」＝「まき」の形になるよう、巻きグセをつけるのがコツ。

材料 約19cm×13cmの耐熱容器1個分

- 卵…2個
- 砂糖…30g
- 薄力粉…40g
- ベーキングパウダー…小さじ1

〈ホイップクリームと飾り〉
- 板チョコ（ホワイト）…25g
- 生クリーム（植物性）…50mℓ
- 砂糖…大さじ1/2

下準備

・卵を卵黄と卵白にわけ、卵白1½個分はボウルに入れて冷凍庫で10分冷やす。

・耐熱容器の底にクッキングシートを敷く。

つくり方

1 ボウルに卵黄2個と卵白1/2個分、砂糖の約半量を入れて泡立て器で白っぽくなるまで混ぜる。薄力粉、ベーキングパウダーを合わせてふるい入れ、粉気がなくなるまで混ぜる。

2 冷やした卵白に残りの砂糖を2回に分けて加え、その都度よく泡立ててメレンゲをつくる。すくうとピンとツノが立つ状態が目安。

3 1にメレンゲを1/3量ずつ加える。ゴムベラで1回目はよく混ぜる。次からは泡がつぶれないよう底からすくいあげるように混ぜる。

4 耐熱容器に流し入れ、底をたたいて気泡を抜く。ラップをかけて電子レンジ（500W）で2分ほど加熱する。

5 クッキングシートをはがし、温かいうちにラップにのせてくるっと巻く。そのまま30分おいて巻きグセをつける。

6 チョコレートは細かくきざむ。半量は冷蔵庫で冷やす。残りの半量は湯せんで溶かし（P13の2参照）、氷水にあてて粗熱をとる。

7 ホイップクリームをつくる。ボウルに生クリーム、砂糖を入れて、泡立て器で薄く筋が残るまで泡立てる。6の溶かしたチョコレートを加えてさらに泡立て、やわらかいツノが立つ8分立てにする。

8 5の生地を広げ、向こう側に1cm分の余白を残し、7をゴムベラでぬって巻く。10分おいてなじませ、表面にも7をぬり、冷やしておいたチョコレートをちらす。

memo

植物性の生クリームは泡立てても形がくずれにくいのが特徴です。

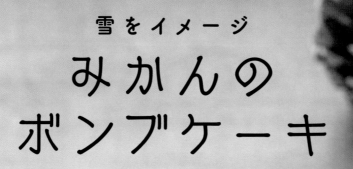

みかんの
ボンブケーキ

ボウル形容器に材料をつみ重ねれば、
半球形のケーキの土台が完成。
雪を演出するのはミルキーなホイップクリーム。
たくさんの雪をふらせましょう。

材料 　直径12cmのボウル2個分

- カステラ…4〜5きれ
- みかん…2個
- クリームチーズ…100g
- 砂糖…大さじ2
- 生クリーム…200㎖

下準備

クリームチーズは
常温に戻す。

つくり方

カステラは厚みを半分に切る。

みかん1½個は、薄い輪切りにして
半月形に切り、皮をむく。残りのみ
かんは果汁をしぼる（20㎖。足りな
ければレモン汁を足す）。

ボウルにクリームチーズ、砂糖を入
れて泡立て器でなめらかになるま
で混ぜる。**2**のみかん果汁を加え、
よく混ぜる。

生クリームを3回に分けて加え、そ
の都度混ぜる。なじんだら、もっ
たりするまで5分ほど混ぜる。その
後、冷蔵庫に入れて30分冷やす。

直径12cmのボウル形容器にラップ
を敷き、カステラをすきまなく敷き
つめる。

4→みかん→**4**の順に重ね入れる。
最後にカステラをのせる。ラップを
かけて冷蔵庫で1時間冷やす。残り
の**4**のクリームとみかんも冷やす。

ひっくり返してボウルをはずす。まわ
りに**4**をゴムベラでまんべんなくぬ
る。みかんをトッピングして完成。

memo

生クリームを一気に加えると
ダマになりやすいので、
3回に分けて加えましょう。

シンプルで失敗なし！
生チョコ

3つの材料を、溶かして混ぜて
かためるだけ。シンプルなレシピですが
味わいは濃厚で口溶けなめらか。
ラッピングしてバレンタインデーにぜひ。

材料 約16個分

- 板チョコ（ミルク）…350g
- 生クリーム（乳脂肪分40％以上）…200㎖
- バター（食塩不使用）…40g
- ココアパウダー…適量

つくり方

1
クッキングシートを折り紙の箱にして12㎝四方の型をつくり、バットにのせる。

2
チョコレートは細かくきざんでボウルに入れる。

3
鍋に生クリームを入れて中火にかけ、小さく泡立ってきたら弱火にする。バターを加えてゴムベラで混ぜながら溶かす。

4
2に3を加え、チョコレートが溶けるまでゴムベラでよく混ぜる。

5
1の型に流し入れる。ラップをかけ冷蔵庫で5時間冷やしかためる。

6
ひと口サイズに切り分け、茶こしでココアパウダーをふる。

memo
生クリームは乳脂肪分40％以上のものがおすすめです。
リッチな味に仕上がります。

これは惚れる！

〈 ガトーショコラ 〉

チョコレート菓子にも炊飯器が大活躍！
しっとりしているけれど、メレンゲの効果で口あたりは軽やか。
相性のいいバナナをトッピングすると華やか。

材料 3.5合炊きの炊飯器1台分

- 板チョコ（ブラック）…100g
- 卵…2個
- サラダ油（バターでも可）…小さじ1

下準備

・卵を卵黄と卵白にわけ、卵白は
ボウルに入れて冷凍庫で10分冷やす。

・炊飯器の内釜の内側全面に、
ラップでサラダ油をぬる。

つくり方

1

チョコレートは細かくきざんでボウルに入れ、湯せんで溶かす（P13の**2**参照）。

2

1のチョコレートが熱いうちに、卵黄を加えてゴムベラでよく混ぜる。

3

卵白をよく泡立て、すくうとピンとツノが立つメレンゲをつくる。

4

2にメレンゲを1/3量ずつ加える。ゴムベラで1回目はよく混ぜる。次からは泡がつぶれないよう底からすくいあげるように混ぜる。

5

内釜に流し入れ、底をたたいて生地の気泡を抜く。普通に炊き、竹串をさしてドロッとした生地がついてこなければ完成。半生なら追加で早炊きする。内釜を裏返して取り出す。好みで粉糖をふり、バナナ（ともに分量外）を飾る。

memo

炊飯器の内釜の底がたいらだと
仕上がりがぺたんこに。
その場合は倍の量で
つくってみてください。

口あたり軽やか

ホワイト フロマージュ

メレンゲ入りの生地は
ふわっとしてシュワッと溶けるはかないおいしさ。
トースターでホワイトデーのプレゼントをつくりませんか?

材料 直径9cmのココット3個分

- 板チョコ（ホワイト）…80g
- クリームチーズ…80g
- 卵…2個

下準備

・クリームチーズは常温に戻す。

・卵を卵黄と卵白にわけ、卵白はボウルに入れて冷凍庫で10分冷やす。

・ココットの底にクッキングシートを敷く。

つくり方

チョコレートは細かくきざんでボウルに入れ、湯せんで溶かす（P13の2参照）。

別のボウルにクリームチーズを入れ、ゴムベラでなめらかになるまで混ぜる。卵黄を加え、なじむまで混ぜる。

2に**1**を加え、よく混ぜる。

卵白をよく泡立て、すくうとピンとツノが立つメレンゲをつくる。

3にメレンゲを1/3量ずつ加える。ゴムベラで1回目はよく混ぜる。次からは泡がつぶれないよう底からすくいあげるように混ぜる。

ココットの7分目まで流し入れる。

トースターの天板にぬらした布巾を敷き、ココットをのせ、アルミホイルをコの字形に折ってかぶせる。1000Wで15〜20分焼く。扉をあけずに10分余熱で火を通す。

生地がしぼむのを防ぐため、容器を逆さまにして冷ます。完全に冷めたらココットから取り出す。器にのせ、好みでいちごやホイップクリーム（分量外）を飾る。

楽に上手につくるコツ Q&A

Q1 チョコレートを溶かすときは 電子レンジを使っても大丈夫ですか?

A 電子レンジで加熱すると風味が飛びやすいので湯せんがおすすめですが、P18のようにくだいたビスケットのつなぎ役にするなど、味にあまり影響のない使い道でならOKです。ただし、ホワイトチョコレートは焦げやすいので電子レンジの加熱は向きません。

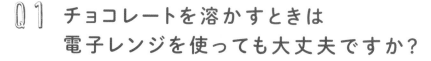

Q2 卵白がうまく泡立ちません。 どうしたらいいですか?

A まず、卵黄が混じっていると泡立ちにくいので、きっちりわけてください。ボウルと泡立て器に油分と水気がついていないかも要確認です。卵白は冷えていたほうがきめ細やかな、しっかりとした泡立ちのメレンゲになります。事前に卵白を入れたボウルごと10分くらい冷凍庫に入れておくとよいでしょう。

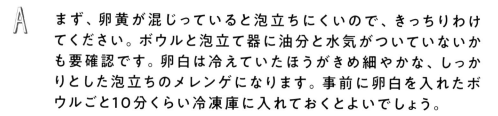

Q3 粉ゼラチンの使い方を教えてください!

A 粉ゼラチンは水で戻してふやかしてから使うのが鉄則です。粉ゼラチンに水を注ぐとダマになりやすいので、容器に入れておいた水に粉ゼラチンをふり入れるのがコツ。よく混ぜて5分ほどおきましょう。

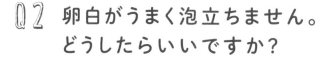

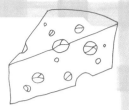

Q4 バターを室温に戻し忘れた！そのまま使っちゃダメですか？

A 冷たいままでは作業がはかどりません。戻し忘れたら電子レンジを利用しましょう。ただし、絶対に溶かさないように！　10秒おきに様子をみながら加熱してやわらかくなればOK。クリームチーズも同様です。

Q5 ビスケットでつくる即席タルト生地がくずれてしまいます。コツを教えてください。

A まずはビスケットをよくたたいて粉々にすること。粗いとくずれる原因になります。そして、溶かしたチョコレートやバターを混ぜたらよくもんでなじませてください。しっとりした状態にして型に敷きこめば、くずれることなく仕上がります。

Q6 メレンゲを使うケーキの生地がふっくら焼きあがりません。原因は？

A メレンゲとほかの材料を混ぜるときに泡をつぶしてしまうとふっくら焼きあがりません。メレンゲを3回に分けて混ぜるようにしましょう。1回目は泡がつぶれてもいいのでよく混ぜてなじませ、2回目以降は泡がつぶれないようふんわりと混ぜるのがコツです。

Q7 ムースやテリーヌの口溶け感がイマイチなんですが……。

A ひんやり系スイーツで泡立てた生クリームを使う場合も、Q6のメレンゲ同様、生クリームとほかの材料を混ぜるときに泡がつぶれないように混ぜるのがポイント。口溶け感に差が出ます！

オーブンなしで激ウマッ！スイーツ

2020年 9 月16日　初版発行
2020年10月30日　再版発行

著　者　you

発行者　青柳 昌行

発　行　株式会社KADOKAWA
　　　　〒102-8177 東京都千代田区富士見2-13-3
　　　　電話 0570-002-301（ナビダイヤル）

印刷所　凸版印刷株式会社

本書の無断複製（コピー、スキャン、デジタル化等）並びに無断複製物の
譲渡及び配信は、著作権法上での例外を除き禁じられています。
また、本書を代行業者などの第三者に依頼して複製する行為は、
たとえ個人や家庭内での利用であっても一切認められておりません。

●お問い合わせ
https://www.kadokawa.co.jp/（「お問い合わせ」へお進みください）
※内容によっては、お答えできない場合があります。
※サポートは日本国内のみとさせていただきます。
※Japanese text only
定価はカバーに表示してあります。

©you 2020 Printed in Japan
ISBN 978-4-04-604882-0　C0077